令和に伝える

［私説］伝説のサムライJAPAN

佐々木　義孝　著

球団別歴代ベストナイン

セ・パの歴代ベストナイン

伝説のサムライJAPAN

貴方が選出するベストナイン

プロローグ

野球を愛するすべてのビジネスマンに捧ぐ

野球は、間のスポーツとも言われます。おおよそ3時間の試合時間の中で実際にプレーしている時間は、その5分の1である30分程度と言われています。ウォールストリートジャーナル電子版で以前報じられた内容では、3時間中で14分とも伝えられています。よって、他のスポーツ以上に一瞬にかける「集中力」が重要な競技と言えます。

また、野球というスポーツの大きな特徴として、チームプレーと個人プレーが共存しており、両方を楽しめる点があります。基本的には、投手と打者が対峙した個対個の積み重ねで試合が成り立っています。個々のしのぎを削るライバルの戦いが前提となっており、人間ドラマが生まれやすいところが大きな魅力と言えます。

野球の試合は、基本的には監督の戦略・戦術のもとで、選手は指示に従い行動することになります。野球には攻守が分離している、いわゆる表裏があり、役割は明確に分業化されていて、組織的な連携プレーはパターン化できるところがあります。分業化された役割のもとで、選手は1球毎に「バッターの心理」や「ピッチャーの配球」を読み、「打球の方向」や「ランナーの動き」を想定して、静から動、俊敏に動きます。

選手には正確な動きと「投げる・打つ・走る・守る」など個々の優れた個人スキルが求められますが、勝負は攻守ともに監督の采配で動き、その統制が問われます。言い換えれば、野球は監督からの戦略・戦術を選手が実現するスポーツです。

よく考えると、野球とソフトボールだけが監督がユニフォームを着ています。監督はベンチに入ってグランドにも出ることができます。これは選手と一体となって戦う意思統一の表れです。

この点で、会社組織と非常に酷似しており、会社組織も監督である社長や部長などのトップの戦略・戦術のもとで、選手である社員が基本的には指示に従い行動することになります。

また、会社組織は営業部門、マーケティング部門、技術部門、経理部門、総務部門と、ある程度明確に役割と責任、そして権限が決められており、様々な組織的な制約の中で行動しなければなりません。

このことから、プロ野球の名監督が書いたマネジメント論は、世の経営者や中間管理職にとって大いなる参考となっています。ビジネスマンが選ぶ理想の上司にプロ野球の監督が選ばれることも少なくなく、ビジネスの世界におけるマネジメントの考え方に大きな影響を与えていると言っても過言ではありません。

世のビジネスマン、特にサラリーマンは、野球というスポーツを通して、組織という制約の中でありながらも自分の好きなスポーツを職業として活躍する選手たちに憧憬の気持ちを持つとともに、上の指示で動かざるを得ない自分とを重ね合わせながら、野球というスポーツを支持し、そしてその選手達に無意識に共感を覚え、ファンとして応援してきたように思えます。

戦後復興期、高度成長期、バブル経済期、その後の日本経済の停滞期といつの時代も野球は国民的スポーツであり続け、人気を博して、ファンに夢と希望を与え続けてきました。

昭和11年のプロ野球リーグ戦開始以来、昭和・平成とファンに愛し続けられてきた85年の歴史。今年、新元号「令和」となり、改めて昭和・平成のプロ野球を振り返り、新時代「令和」に伝えたい伝説のサムライジャパンであるベストナインを選ぶ、そして読者の皆様もベストナインは誰になるのかを考えていくというのが今回の企画であります。

今回のベストナインの選出には、賛否両論あるかと思います。これは答えのあるものではありません。世代、出身地、贔屓のチーム、出身の高校や大学など、またそもそもの見解や嗜好の違いなど人によって千差万別かと思います。

私は昭和56年から38年間プロ野球を見てきました。それ以来、プロ野球の大ファンであります。子供の頃は、野球少年としてエースで四番でプレー、野球小僧として週刊ベースボールを貪り読み、その他、プロ野球について創設時からの書籍もかなり読破してきました。また、球場にも頻繁に足を運び、かつてはボールボーイやグランドキーパーの経験もあり、試合を間近で見てきました。こんな私が独断と偏見で令和に伝えたいプロ野球の時代を超えた伝説のサムライJAPANを選出しました。

選出は、ピッチャーは、先発5名、救援1名、それ以外のポジションは1名ずつ、パシフィック・リーグは指名打者制として1名（セントラル・リーグも指名打者制の場合の1名）、監督1名を、それぞれ12球団ごとに選出、そしてオールスターゲームを想定し、セントラル・リーグとパシフィック・リーグでそれぞれ選出、そしてワールドベースボールクラシックを想定し日本代表である「伝説のサムライJAPAN」を選出するものであります。

繰り返しになりますが、ベストナインの選出は賛否両論あります。今回は私の独断と偏見になりますことをお許しください。

野球を愛するビジネスマンの皆様の居酒屋での野球談議の肴にこの本を是非とも活用して頂ければと思っております。

☆本書での野球記録数値は全て2019年シーズン終了時点の数字です。
☆選手をはじめ登場する皆様の敬称は省略させていただいております。
☆選手名は改名した方については活躍当時のお名前で掲載しております。

⚾日本における野球の歴史

まずは、簡単に日本における野球の歴史から記載したいと思います。

野球は、明治4年に来日した米国人ホーレス・ウィルソンが当時の東京開成学校予科（その後旧制第一高等学校、現在の東京大学）で教え、その後「打球おにごっこ」という名で全国的に広まりました。従って、日本国内の野球の創世記の歴史は、そのまま大学野球の創世記の歴史と重なっています。なお、ホーレス・ウィルソンは平成15年、その功績から日本野球殿堂入り（新世紀表彰）しています。ただし野球を「試合」と定義すると明治6年4月下旬、開拓使仮学校で既に始められていた可能性があります。ウィルソンが試合を始めたのは開成学校に運動場が完成した明治6年8月以降のことです。

明治11年、平岡凞が日本初の本格的野球チーム「新橋アスレチック倶楽部」を設立し、明治15年、駒場農学校と日本初の対抗戦を行いました。平岡は、日本の野球の祖とされています。また、日本で初めてカーブを投げた人物とも言われており、アメリカ留学中にそれを習得しました。「魔球」と呼ばれ、学生野球の投手たちがその投げ方を教わるために彼の元を訪れたと言われています。

「ベースボール」を、初めて「野球」と日本語に訳したのは、第一高等中学校（明治27

年、第一高等学校に改称。第二次大戦後の学制改革の際に東京大学に併合され、新制東京大学教養学部になる）の野球部員であった中馬庚です。明治27年、彼らが卒業するにあたって部史を刊行することになり、中馬の書いた文章中に「野球」が登場します。逸話として、同僚で名投手の青井鉞男が「千本素振り」をやっている所に中馬がベースボールの翻訳を「Ball in the field―野球」を言いに来たと言われています。

明治期の俳人で、明治22年に喀血して止めるまで捕手として好んで野球をプレーした正岡子規は「野球（のぼーる）」という雅号を明治23年に使い始めています。これは中馬が「ベースボール」を「野球」と翻訳する4年前のことです。つまり、「野球」という表記を最初に使用したのは子規ですが、「ベースボール」を「野球」と最初に翻訳したのは中馬です。しかし子規は野球用語を数多く翻訳しており、平成14年にはその功績によって日本野球殿堂入りを果たしました。

明治21年には慶應義塾大学、明治34年には早稲田大学で野球部が創設されました。後に人気を博する東京六大学野球は、明治36年に開始された早稲田大学と慶應義塾大学の対抗戦（早慶戦。慶應義塾大学での呼び名は慶早戦）が発祥となっています。両校の初の対戦は明治36年11月21日、慶應の三田綱町球場にて行われました。早稲田が先輩格の慶應に「挑戦状」を送達し、慶應が応じた事によって行われた試合です。明治39年、応援の過熱などから早慶戦は中断されましたが、大正3年に明治大学を加えた三大学でリーグ戦を開始しました。大正6年に法政大学が加入し四大学リーグとして、大正10年に立教大学が参加し、五大学でのリーグ戦を実施するようになりました。しかし、この間も早慶戦に関しては関係者が過熱を懸念したため実施されない状況が続き、変則的なリーグ戦運用となっていました。

大正14年春、東京帝国大学（現在の東京大学）が参加、法政以外の各校と1試合ずつ試験的に試合をしました。その年の秋のシーズンにあたって、明治を中心に「早慶戦を再開しないなら再開に応じない学校を外してリーグ戦を行う」と早慶を強硬に説得し、早稲田、次いで慶應が説得に折れて早慶戦の再開に応じ、ここに東京六大学野球連盟として正式に発足しました。

翌年の大正15年10月には神宮球場が東京六大学野球連盟の協力の下で完成、実質的には連盟専用球場として運用されることになります。

早慶戦を起源にした東京六大学野球は、現在のような各種野球大会・対抗戦・競技団体組織が未整備だった当時、創成期の日本野球界やさらにスポーツ界全体においても大変な人気を博し、各地のアマチュア野球の形成・発展、そしてプロ野球の発足へと続く日本野球の発展に大きく貢献し、またその礎となりました。

大学野球の盛り上がりは高校（旧制中学）にも広がり、大正4年8月に大阪の豊中球場で第1回全国中等学校優勝野球大会が開催され京都二中が優勝し、第3回大会からは兵庫の鳴尾球場で開かれましたが、観客増により手狭になったため大正13年からは阪神電車甲子園大運動場で行われることになりました。また夏の大会の盛況を受け、同年春からは名古屋市の山本球場で全国選抜中等学校野球選手権大会が開催され、翌年からは甲子園球場で行われました。

春の選抜高等学校野球大会は、通称「春のセンバツ」（主催は毎日新聞社）、夏の全国高等学校野球選手権大会は、通称「夏の甲子園」（主催は朝日新聞社）として季節の風物詩となっています。高校生の青春を彩る数々の熱い名勝負や筋書きのない汗と涙のドラマが繰り広げられ、今や国民的な人気行事となっています。

そして、当大会を主目的に建設された甲子園球場は半世紀余りの大会を優先的に行っているため、当球場は高校野球の聖地として高校球児達の憧れの舞台となっています。「甲子園」という言葉自体が高校野球全国大会の代名詞、もっと言えば高校生のあらゆる全国大会の代名詞として使われることもあります。高校野球は、今や日本の文化と言っても過言ではありません。

その甲子園球場は、全国高等学校野球選手権大会主催者の大阪朝日新聞が本格的な野球場の建設を提案したことに対し、当時鳴尾球場を所有していた阪神電鉄が応え、ニューヨーク・ジャイアンツのホームグラウンドのポロ・グラウンズを参考に、球場を大会に間に合わせるため突貫工事で建設、大正13年8月1日に完成し、この年が十干十二支の最初の年で甲子年（きのえねのとし）という60年に1度の縁起の良い年であることから、甲子園大運動場と命名されました。

さて、日本のプロ野球は、大正9年、早稲田大学野球部OBらによって日本初のプロ野球チーム日本運動協会（芝浦協会）が、大正10年には天勝野球団が創設されたのが始まりです。しかし、両球団とも後に解散しました。

昭和9年、読売新聞社の中興の祖でプロ野球の父正力松太郎によって大日本東京野球倶楽部が創設され、昭和11年には日本初のプロ野球リーグ日本職業野球連盟が設立されました。この年からリーグ戦が始まり、今年で84年目を終えました。

球団別歴代ベストナイン

読売ジャイアンツ

■5999勝4291敗325分／勝率0・583／優勝46回／日本一22回

読売ジャイアンツ（巨人）は、昭和9年に創設された大日本東京野球倶楽部が前身で最も歴史の古いチームです。昭和11年に東京巨人軍、昭和22年に球団名が東京読売巨人軍、チーム名が読売ジャイアンツとなりました。優勝46回、日本一22回と球団最高の記録を持ち、紛れもないプロ野球界の盟主です。昭和40年代の高度成長期には9年連続日本一、所謂「V9」を打ち立て、娯楽の少ない時代に子供たちの好きなものを並べて「巨人、大鵬、卵焼き」と言われました。巨人軍の栄光は戦後の高度成長期に夢と希望を与えました。そのため、多くのプロ野球史上に残る名選手を輩出しています。また、正力松太郎の「巨人軍は紳士たれ」という言葉のとおり、沢村、川上、長嶋、王、原、松井に代表される歴代の巨人の主力選手は社会人として模範となることが求められ、素晴らしい人間性の選手が多く感じます。それがチーム力を高めているのではないかと思います。

ジャイアンツの歴代ベストナインは次のとおり選出しました。

まず先発投手は、プロ野球草創期に活躍しスピードガンがあれば１６０キロを投げていたと言われる伝説の大投手沢村栄治、私の準故郷北海道旭川市出身で年間最多の42勝を挙げ、史上初の３００勝投手となったスタルヒン、２０００投球回以上の歴代勝率1位でスライダーの神様で初の完全試合男藤本英雄、エースナンバー18の祖中尾碩志、巨人軍最多勝利記録２２１勝別所毅彦、高い勝率を誇るアンダースロー大友工、2年連続MVPに輝いた藤田元司、悪太郎と呼ばれたV9エース堀内恒夫、投手としての潜在能力は史上最高と言っても過言ではない怪物江川卓、切れ味鋭いシュートと華麗なフィールディングの雑草西本聖、最後の完全試合男ミスターパーフェクト槙原寛己、2年連続20勝を達成したミスター完投斎藤雅樹、甲子園で不滅の20勝を挙げ抜群の野球センスを駆使した頭脳派投球の桑田真澄、ルーキーイヤーに20勝を達成し、K／BB（奪三振を与四球で割った数値）が歴代№.1で抜群のコントロールの雑草魂上原浩治、入団5年で最優秀防御率を3度獲得、令和初勝利・初完投をあげた菅野智之と錚々たる顔ぶれが挙げられますが、沢村、スタルヒン、藤本、江川、斎藤の5名を選出しました。特に沢村は快速球と懸河のドロップを武器に史上最多タイの3度のノーヒットノーランを達成し、昭和9年の日米野球ではアメリカを1点に抑えてベーブルースを唸らせたピッチングは語り草となっています。背番号14は永久欠番、三度の応召で戦地で散ったことが本当に惜しまれます。また、私の子供時代は、怪物江川と雑草西本のエース争い、野球エリート桑田の颯爽たる活躍が印象的です。私がプロ野球を見始めた昭和56年の江川はテレビで見ても明らかにホップするストレートを投げていて20勝を挙げて最多勝はじめ投手五冠でＭＶＰ、チームを優勝、日本一に導きました。江川のホップする真っ直ぐとカーブだけで打者を次々と打ち取る怪物ぶりは子供心に鮮烈な印象が残っています。西本は、昭和56年には沢村賞と日本シリーズで2勝を挙げＭＶＰ、私が見た中で史上最高の日本シリーズ名勝負の昭和58年の巨人ＶＳ西武でも2勝を挙げ最大の立役者となりました。昭和62年開幕戦、前年まで二年連続三冠王落合がセ・リーグ移籍後初試合で4打席とも全球シュート勝負で打ち取った試合も印象的で、逆境で勝負強さを発揮する鮮烈な印象が残っています。桑田は、高校1年生から名門ＰＬ学園のエースとして活躍して2度の甲子園制覇、不滅の甲子園20勝、プロ入り後2年目で早くも抜群の制球力を発揮して最優秀防御率と沢村賞を獲得、打撃と守備も超一級品で打者でも絶対に成功していた抜群の野球センスが鮮烈な印象として残っています。

救援投手は、Ｖ9時代前半に活躍した8時半の男宮田征典、快速球が武器のサウスポー新浦壽夫、左腕からのサイドスロー角三男、9年連続60登板で数度の優勝に貢献した山口鉄也も挙げられますが、大明神と言われた鹿取義隆を選出しました。特に昭和62年のシーズンではリーグ最多の63試合に登板して防御率1・90を記録、同年の登板機会の多さは賛否両論を呼びました。

捕手は、V9時代の正捕手森昌彦も挙げられますが、打撃を買って阿部慎之助を選出しました。捕手として3人目の首位打者、打点王を獲得し通算400本塁打を達成、四番も務めました。

一塁手は、戦後復興期に赤バットを使い弾丸ライナーを放った打撃の神様川上哲治と世界のホームランキング王貞治というプロ野球史を燦然と彩る2人のレジェンドの中のレジェンドがいて甲乙つけがたいですが、そこはやはり王貞治を選出しました。通算868本塁打の世界記録、本塁打王15回、打点王13回、MVP9回という驚異的な記録は永遠に破られることはないと思います。プロ野球史上、記録で王の右に出るものはいません。決して身体に恵まれていたわけではないですが、荒川コーチとの二人三脚で一本足打法に取り組み、打撃の基本に合気道の心技体を置き、日本刀で天井から吊るした短冊を斬る稽古などは有名で、これらの記録は飽くなき努力の賜物です。国民栄誉賞は王のホームラン世界記録を称えるために昭和52年に創設されたもので第一号受賞者であり、文化功労者も受賞しています。指名打者制にすれば当然川上が選ばれます。川上は戦前戦後に活躍した大選手であり、首位打者5回、本塁打王2回、打点王3回を獲得、球界初の2000本安打を記録し、また野球界初の文化功労者を受賞しました。試合終了後に宿舎で深夜まで素振りをする努力家で、その極みが昭和25年のシーズン途中に、多摩川グラウンドで打撃練習をしていたところ、球が止まって見えるという感覚に襲われ、これが「ボールが止まって見えた」という有名なエピソードです。王の背番号1、川上の背番号16はともに永久欠番です。

二塁手は、長打力が魅力で戦前戦後に活躍した猛牛千葉茂も挙げられますが、巧みなバットコントロールで首位打者2度獲得、華麗な流し打ちが印象的な打撃の職人篠塚利夫を選出しました。

ジャイアンツ（巨人）

ポジション	名前	打順
先発投手	沢村 栄治	9
	スタルヒン	
	藤本 英雄	
	江川 卓	
	斎藤 雅樹	
救援投手	鹿取 義隆	
捕　手	阿部 慎之助	7
一塁手	王 貞治	3
二塁手	篠塚 利夫	2
三塁手	長嶋 茂雄	4
遊撃手	坂本 勇人	8
外野手	松井 秀喜	5
	与那嶺 要	1
	クロマティ	6
指名打者	（川上 哲治）	—
監　督	川上 哲治	—

三塁手は、私が野球を見始めた昭和56年にデビューした私の子供時代の最大のスターで、ONなき後の四番を担った甘いマスクで爽やかさが売りの若大将原辰徳も良い選手ですが、やはり文句なしに「燃える男」、「ミスター

ジャイアンツ」、いや「ミスタープロ野球」長嶋茂雄です。プロ野球はこの人のためにあると言っても過言ではありません。東京六大学野球で本塁打新記録(当時)を打ち立てゴールデンルーキーとして入団した昭和33年の開幕戦での4打席連続三振、昭和34年、昭和天皇を後楽園球場での伝統の一戦にお迎えした初の天覧試合でのサヨナラホームラン、王貞治との「ON」砲で打ち立てた9年連続の日本一、昭和49年、高度成長時代の象徴として活躍し、その終わりと共に「巨人軍は永久に不滅です」という名言を残した引退試合、V9巨人の四番打者として数々の伝説とドラマに彩られた栄光の背番号3。監督としても平成6年「国民的行事」と銘打った最終戦での優勝決定試合を演出、「メイクドラマ」という流行語も作り出し、プロ野球は長嶋茂雄を中心に回っていました。また、第一次政権では伝説の伊東キャンプで江川、西本、中畑、篠塚らのヤングジャイアンツを育成、第二次政権では自らドラフトで引き当てた松井秀喜を自宅での猛特訓で育成しました。一挙手一投足がすべて伝説になる男、文化功労者と国民栄誉賞も受賞し野球を文化にしたミスタープロ野球、プロとして常にファンに喜んで頂くことを意識し続けた人であり、人気や記憶でミスターに勝る野球選手は今後も出現しないと思います。もちろん栄光の背番号3は永久欠番です。

遊撃手は、名手の広岡達朗や犠打世界記録の川相昌弘も挙げられますが、坂本勇人を選出しました。高卒2年目でレギュラーとなり、ショートとして首位打者獲得と40本塁打を記録しました。令和初ホームランを放ち、セ・リーグ連続出塁記録も更新、今後の更なる活躍が楽しみです。

左翼手は、戦前に史上初の三冠王に輝いた中島治康や第二次黄金期の主力打者で本塁打王5度獲得のジャジャ馬青田昇、俊足で鉄壁の守備、新人王、盗塁王の高田繁も挙げられますが、ここは文句なしに豪快なバッティングで本塁打を量産し、優勝と日本一に貢献したゴジラ松井秀喜を選出しました。ピーク時にメジャーリーグニューヨークヤンキースに移籍し、四番打者を務め、シーズン30本塁打を記録、ワールドシリーズMVPに輝きました。長嶋監督と二人三脚で練習に取り組み、ここ一番の勝負強さは師匠のミスター譲りであり、ワールドシリーズチャンピオンに最大の貢献をし、MVPを獲得したことはイチローの個人記録以上の価値があると言っても過言ではありません。また「巨人軍は紳士たれ」という言葉がありますが、どんな時でもインタビューを拒まない松井の懐の大きさ、人格の高さはこの言葉をまさに実践しています。そして引退会見では「長嶋監督には感謝しつくせない気持ちでいっぱい」と心からの感謝の意を表し、本当に素晴らしい人間性と思います。平成25年に師匠ミスターと共に国民栄誉賞を受賞したことは野球ファンとして嬉しい限りでした。

中堅手は、高校時代は投手で優勝経験もあり、プロに入ってすぐに打者に転向し俊足で守備は鉄壁の赤い手袋の盗塁王柴田勲も挙げられますが、アメリカからアグレッシブな野球を日本に持ち込み、俊足で首位打者3度獲得したウォーリー与那嶺要を選出しました。ちなみにホームスチール通算11回は歴代1位です。

右翼手は、ミスターから天才と言われ、東京六大学ホームラン記録を29年ぶりに更新し、現在も記録も持つ高橋由伸も挙げられますが、ジャイアンツ史上最高の助っ人クロマティを選出しました。平成元年には夢の4割打者宣言をして、シーズン規定打席の４０３打席到達時点で打率4割超え、またプロ野球最長記録である96試合まで4割を維持して首位打者、ＭＶＰを獲得しました。

打順は、一番与那嶺、二番篠塚、三番王、四番長嶋、五番松井、六番クロマティ、七番阿部、八番坂本というラインナップで組みました。

そして監督は、リーグ優勝11回ですべて日本一、不滅のＶ9を築いた川上哲治で異論はないと思います。

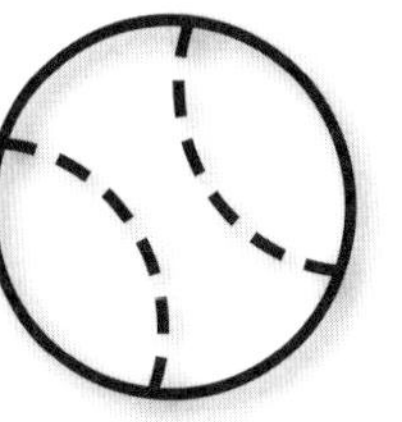

球団別歴代ベストナイン

阪神タイガース

■5319勝 5004敗 318分／勝率0・515／優勝9回／日本一1回

阪神タイガースは、昭和10年プロ野球発足当時に大阪タイガースとして創設されたチームです。1リーグ時代は、巨人と優勝を争い、現在に至るまでライバル関係にあります。しかし、セ・リーグになってからは、巨人がリーグ優勝35回（日本一22回）に対して、阪神5回（日本一1回）でかなり水をあけられました。それでも巨人VS阪神は「伝統の一戦」として数々のライバル対決を生み出し、特に関西の熱狂的なファンの後押しもあり、本拠地の甲子園球場で球史に残るドラマを演出してきました。特に、昭和60年の21年ぶりのリーグ優勝と日本一は、日本中に六甲おろしが響き渡り、熱狂的な猛虎フィーバーを巻き起こしました。甲子園球場での巨人戦でバース・掛布・岡田の「バックスクリーン3連発」は球史に残る名場面です。

なお、いわゆる「ラッキー7」と呼ばれる、7回表裏の攻撃前にホーム・ビジターそれぞれのファンが一斉に飛ばすジェット風船の応援が、一般的に応援の代名詞的なイメージとして定着したのは、昭和60年の優勝時に甲子園を埋め尽くした阪神ファンが一斉に放ってからです。伝統と歴史があり球史を彩る選手を輩出した阪神は巨人に次ぐ人気球団です。

タイガースの歴代ベストナインは次のとおり選出しました。

先発投手は、戦前戦後に活躍し２３７勝を挙げた七色の変化球若林忠志、抜群の投球術渡辺省三、針の穴を通すコントロールと言われ歴代３位の通算３２０勝を挙げた投げる精密機械小山正明、熱血漢でライバル長嶋茂雄との名勝負を繰り広げ、ザトペック投法で２２２勝を挙げて背番号11は永久欠番の二代目ミスタータイガース村山実、村山との二枚看板で沢村賞獲得のバッキー、1シーズン４０1奪三振の記録を持つ黄金の左腕江夏豊、江川事件に巻き込まれた悲劇のヒーロー小林繁、阪神を2度の優勝に導いた左腕エース井川慶と挙げられますが、若林、小山、村山、バッキー、江夏を選出しました。特に江夏は1シーズンの奪三振のタイ記録と最多記録を同じ試合でライバル王から奪った逸話、オールスター戦でパ・リーグの強打者を相手に9者連続奪三振の快記録、救援投手の道を開き日本シリーズで9回裏無死満塁からのピンチを凌ぎその内容がノンフィクション作品にまでなった「江夏の21球」等、数々のエピソードやドラマを残しました。ドラマ性では長嶋の次を行く選手です。

救援投手は、リリーフで最優秀防御率も獲得した権藤正利、最優秀救援投手2回の山本和行、最優秀中継ぎ投手2回の久保田智之も挙げられますが、常に球速１５０キロ以上を計測し最優秀救援投手と最優秀中継ぎ投手それぞれ2回でメジャーにも行った火の玉ストレート藤川球児を選出しました。

捕手は、ダンプの愛称の辻佳彦、2度の優勝時の正捕手で現監督の矢野輝弘も挙げられますが、天性のホームランアーティスト田淵幸一を選出しました。同時期に王がいたため、1度しか本塁打王を獲っていませんが、通算300本塁打以上の本塁打率は王の10・65に次ぐ12・40と歴代2位であり、高々と打ち上げる滞空時間の長いホームランは誰も真似のできないものでした。天才で練習量が少なく努力家だった王の半分でも素振りをしていれば王を超えたと言われました。また、捕手としては江夏との黄金バッテリーが印象的です。

一塁手は、外国人選手初の6年連続打率3割を

タイガース（阪神）		
ポジション	名　前	打順
先発投手	若林　忠志	9
	小山　正明	
	村山　実	
	バッキー	
	江夏　豊	
救援投手	藤川　球児	
捕　手	田淵　幸一	5
一塁手	バース	3
二塁手	岡田　彰布	7
三塁手	掛布　雅之	4
遊撃手	吉田　義男	8
外野手	金本　知憲	6
	赤星　憲広	2
	真弓　明信	1
指名打者	（藤村　富美男）	—
監　督	藤本　定義	—

達成し勝負強さも発揮したオマリーも挙げられますが、ここは史上最高の助っ人バースを選出しました。二年連続三冠王、シーズン最高打率0・389で更新、7試合連続試合本塁打を記録し、王に並びシーズン最多本塁打も王に迫るなど個人的記録も勿論ですが、昭和60年の21年ぶりの優勝と初の日本一に大きく貢献し、シーズン、シリーズともにMVPを獲得しました。

二塁手は、昭和60年日本一の時の五番打者岡田彰布と平成15年、平成17年の優勝に貢献し打点王も獲得した今岡誠の争いになりましたが、日本一の貢献から岡田を選出しました。引退後は、監督として優勝に導きました。

三塁手は、沢村栄治のライバルで「職業野球は沢村が投げ、景浦が打って始まった」と言われ、零代ミスタータイガースとも称されるプロ野球黎明期を代表する打者景浦將、阪神の創設時から在籍し戦前戦後を通じタイガースの主力としてダイナマイト打線の四番を担い、首位打者、本塁打王、打点王を獲り、優勝に貢献した物干し竿で背番号10が永久欠番の初代ミスタータイガース藤村富美男、昭和60年日本一の時の四番打者で三代目ミスタータイガース掛布雅之の三者のミスタータイガースの争いですが、21年ぶりの優勝と初の日本一に貢献した新ダイナマイト打線の四番の掛布を選出しました。決して身体に恵まれていたわけではないですが、足腰の回転で打球を飛ばす打法を猛練習で身に着け長打力を発揮、ドラフト6位から阪神の四番に駆け上がり、本塁打王3回、打点王1回を獲得しました。指名打者制にすれば藤村が選出されます。

遊撃手は、牛若丸吉田義男、首位打者も獲得し名球会入りした藤田平、歴代2位の連続試合出場記録、卓越した選球眼を持ち2000本安打も達成した鳥谷敬とレベルの高い争いとなりましたが、歴代のショートでは№1と言われる守備、取るが早いか投げるが早いかと言われた華麗なスローイングの吉田を選出しました。60年前の吉田の守備をＶＴＲでみて驚きました。充分通用する素早いスローイングです。背番号23は永久欠番であり、引退後は監督として阪神を初の日本一に導きました。

左翼手は、右打者としての最高安打を記録し首位打者も獲得したマートンも挙げられますが、鉄人金本知憲を選出しました。広島での活躍は言うまでもないですが、阪神に移籍してから連続試合フルイニング出場数１４９２試合、連続イニング出場数１３６８６イニングの世界記録を樹立し、平成15年の18年ぶりのリーグ優勝に貢献しました。

中堅手は、常識を超えた破天荒なその言動でファンに大きなインパクトを与えた強肩強打で三拍子揃った人気者新庄剛志も挙げられますが、盗塁王を5度も獲得した俊足好打の赤星憲広を選出しました。話題性は新庄ですが、総合的には3割を安定的に打てる盗塁王赤星となります。

右翼手は、ダイナマイト打線の二番を担った俊足巧打の金田正泰も挙げられますが、真弓明信を選出しました。首位打者を獲り、昭和60年の優勝と日本一に大きく貢献しました。

打順は、一番真弓、二番赤星、三番バース、四番掛布、五番田淵、六番金本、七番岡田、八番吉田というラインナップで組みました。

監督は、戦前は巨人の監督を歴任、その後阪神で昭和37年と昭和39年の2度の優勝実績がある藤本定義を選出しました。

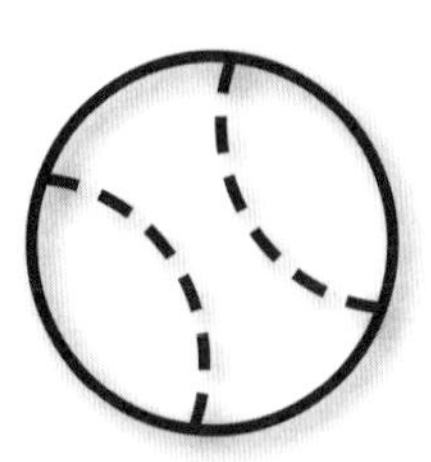

球団別歴代ベストナイン

中日ドラゴンズ

■5282勝4995敗3504分／勝率0・514／優勝9回／日本一2回

中日ドラゴンズは、昭和11年に名古屋を本拠地として発足したチームです。球団名は名古屋と変えたこともありましたが、長い間ほぼ中日という球団名を続けています。昭和29年に初のリーグ優勝、日本一を果たしています。その後、黄金時代と言える時期がなく、数年に1回優勝するチームでしたが、21世紀になり、落合監督の下、常に上位の成績をあげ、リーグ優勝4回、2度目の日本一に輝いています。親会社がライバルということもあるのか、阪神よりも巨人戦には善戦しています。ちなみに12球団で歴代最も2位が多い球団です。

ドラゴンズの歴代ベストナインは次のとおり選出しました。

先発投手は、通算215勝のフォークボールの神様杉下茂、連投に次ぐ連投で「雨雨権藤雨権藤」と言われ、ルーキーイヤーから2年連続30勝以上で最多勝の権藤博、巨人戦30勝以上で最多勝率記録を持つ巨人キラーの燃える男星野仙一、スピードガンの申し子と言われた最多勝2度の小松辰雄、中日の投手で歴代最多勝利記録で史上最年長勝利記録保持者山本昌、キレの良い速球とスローカーブが特徴的な巨人キラーで1990年代のエース今中慎二、最優秀防御率を2度獲得の野口茂樹、最多勝2度獲得しメジャーリーグにも行った川上憲伸、通算与四球率1・55で抜群の制球力が武器の二連覇時のエース吉見一起と挙げられますが、杉下、権藤、小松、山本、今中を選出しました。当時対戦した人曰く杉下はフォークボールを駆使して球団初の日本一に導きました。特に、杉下は伝家の宝刀フォークボールを1試合に10球ほどしか放らず、そのキレの凄さはベルト付近に来たボールを振ったらキャッチャーはワンバウンドで捕っていたほど落差が大きかったという伝説があるほどです。

救援投手は、伸びのある快速球を武器にロングリリーフもこなす鈴木孝政、切れ味鋭いフォークボールを武器に両リーグで最多セーブを獲得した牛島和彦、昭和63年のリーグ優勝最大功労者でMVP獲得の郭源治、最多登板および通算セーブ記録保持者岩瀬仁紀、2年連続最優秀中継ぎ投手を獲得し球団史上初の2連覇に貢献した浅尾拓也と錚々たる顔ぶれが挙げられますが、岩瀬を選出しました。岩瀬はルーキーイヤーの平成11年から平成25年まで15年連続で50試合以上登板を記録しました。また日本シリーズを6度経験して、一度も失点したことはありません。

なお、現代では当たり前になっている「投手分業制」ですが、酷使により数年で投手生命を断たれた権藤の教訓がきっかけで考えられました。この反省と教訓から当時投手コーチをしていた近藤貞雄が昭和30年代後半に提唱し、プロ野球界は「先発完投」から「先発―抑え」の役割分担を明確にした投手起用方法に移行していきました。後に近藤は、昭和41年に遠征したフロリダの教育リーグで「投手の肩は消耗品」と教えられ、日本流の「投げ込み」や「酷使」が、確実に投手寿命を縮めることを確信したと言っています。昨今騒がれている高校生の「投手酷使問題」は、実は既に50年以上前には提唱されていたのです。ちなみに、提唱後に近藤の勧めで抑えとなり活躍したのが、夏の甲子園優勝投手で大会奪三振記録を持ち、後にタレントとして有名になった板東英二であり、救援投手専門のパイオニアになりました。近藤は、この分業制を確立して昭和57年に監督としてリーグ優

ドラゴンズ（中日）

ポジション	名前	打順
先発投手	杉下 茂	9
	権藤 博	
	小松 辰雄	
	山本 昌	
	今中 慎二	
救援投手	岩瀬 仁紀	
捕手	中尾 孝義	8
一塁手	西沢 道夫	4
二塁手	高木 守道	2
三塁手	宇野 勝	7
遊撃手	立浪 和義	1
外野手	江藤 慎一	5
	福留 孝介	3
	谷沢 健一	6
指名打者	（山崎 武司）	－
監督	星野 仙一	－

勝に導きました。

捕手は、通算1876安打で長打力もあり、昭和49年リーグ優勝に貢献したマサカリ打法木俣達彦も挙げられますが、捕手の革命児と言われた強肩とブロックの名手で昭和57年優勝時のMVP中尾孝義を選出しました。今ではキャッチャーがヘルメットをかぶるのは当たり前ですが、私が知る限りでは、最初にヘルメットをかぶったキャッチャーは中尾です。

一塁手は、それぞれ本塁打王、打点王のタイトルを獲得した大豊泰昭やウッズ、ブランコの両外国人も挙げられますが、そこは初代ミスタードラゴンズ西沢道夫、中学から中日入り、戦前戦後に活躍した選手で、首位打者、打点王のタイトルを獲得し、昭和29年初優勝と日本一時の四番打者であり、背番号15は永久欠番です。

二塁手は、2000本安打を達成した好守の荒木雅弘も挙げられますが、ここは二代目ミスタードラゴンズでバックトスの名手高木守道を選出しました。中日初の2000本安打を記録し、二塁手としてすべてプロ野球歴代1位の2179試合、11477守備機会、5327刺殺、5866補殺、284失策、1373併殺という通算守備記録を残しています。

三塁手は、2000本安打を記録し本塁打王も獲得した大島康徳と一発長打の魅力があり本塁打王にも輝いた宇野勝の争いですが、インパクトで宇野を選出しました。凡フライをおでこに当てた珍プレー「ヘディング事件」の印象が強く、現在まで続く「珍プレー好プレー」

の番組誕生となる礎を作りました。

遊撃手は、荒木との鉄壁の二遊間「アライバコンビ」を組んだ井端弘和も挙げられますが、何と言っても487本の二塁打記録を持つミスタードラゴンズ立浪和義を選出しました。PL学園春夏連覇の主将、ルーキー年に開幕試合でスタメンに名を連ねた野球センス抜群の選手で、球団最多の2480安打記録を持っています。

左翼手は、両リーグ本塁打王の山崎武司と史上初の両リーグ首位打者となった江藤慎一の争いですが、ONと同時期に競い合い首位打者を獲得した闘将江藤を選出しました。右打者で3度の首位打者は長嶋、落合に続く記録で2000本安打も記録しています。指名打者制にすれば山崎が選ばれます。

中堅手は、外国人で初の三年連続で首位打者を獲ったパウエルも挙げられますが、2000年代の優勝時に四番も務め2度の首位打者を獲得しMVPにも輝いた福留孝介を選出しました。後にメジャーリーグにも行っています。

右翼手は、昭和57年優勝を決める最終戦での首位打者争いで5打席連続敬遠され、抗議の空振りシーンが印象的な4年連続3割達成の田尾安志も挙げられますが、抜群の打撃センスで2度の首位打者を獲得した谷沢健一を選出しました。昭和57年の優勝時の四番打者で2000本安打も達成、アキレス腱断裂のケガから見事なカムバックを遂げました。

打順は、一番立浪、二番高木、三番福留、四番西沢、五番江藤、六番谷沢、七番宇野、八番中尾というラインナップで組みました。

監督は、この人が中日を名古屋の一地方球団から全国区にしたと言って過言ではない、闘将星野仙一を選出しました。その後3球団を優勝に導いています。

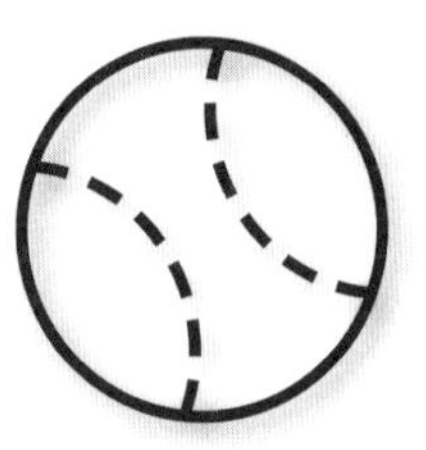

球団別歴代ベストナイン

広島東洋カープ

■4369勝 4678敗346分／勝率0・483／優勝9回／日本一3回

広島カープは、市民球団として昭和25年発足し、戦後の広島の人々に勇気と希望を与えました。昭和49年に広島東洋となりましたが、広島は長い間低迷期が続き、セ・リーグのお荷物球団と言われ、優勝を望めるようなチームではありませんでした。しかし、発足後25年の昭和50年赤ヘル旋風が起こり、古葉監督のもと初優勝を遂げました。その後、昭和54年、昭和55年と連続日本一、昭和59年にも日本一、昭和61年リーグ優勝と黄金時代を築きました。しかし、最近は平成3年のリーグ優勝を最後にしばらく優勝から遠ざかっていましたが、平成28年に25年ぶりの優勝、平成29年もクライマックスシリーズでは敗退しましたがセ・リーグ連覇、更に平成30年もペナントレースを制し黄金時代にも果たせなかった三連覇を果たしました。

カープの歴代ベストナインは次のとおり選出しました。

先発投手は、戦後活躍した通算197勝の小さな大投手長谷川良平、沢村と並ぶ3度のノーヒットノーランと完全試合も達成した外木場義郎、サイドスローからの多彩な変化球が持ち味の安仁屋宗八、抜群のコントロールで最多勝・防御率のタイトルを獲得した通算213勝の精密機械北別府学、キレの良い速球と大きなカーブが特徴で巨人キラーの奪三振サウスポー川口和久、平成3年に最多勝・防御率のタイトルを獲得しMVPで優勝に貢献した佐々岡真司、低迷期にエースとして活躍しメジャーリーガーとして日米通算200勝投手となった男気レジェンド黒田博樹、最多勝・防御率のタイトルを獲得しドジャースに移籍したメジャーリーガー前田健太と挙げられますが、長谷川、北別府、川口、黒田、前田を選出しました。

救援投手は、速球とパームボールを武器に高い防御率で優勝に貢献した大野豊と炎のストッパー津田恒美との争いですが、安定感から大野を選出しました。信用組合の軟式野球部出身という異色の経歴でドラフト外入団、先発投手としても最優秀防御率を2度獲得、しかも2年連続1点台という驚異的な記録を残しました。全盛期の真っ直ぐとパームボールのコンビネーションは打たれる気がしませんでした。

捕手は、カープの捕手として唯一の打率3割を達成した西山秀二も挙げられますが、広島黄金時代に正捕手として活躍した達川光男を選出しました。デッドボールの演技が目立ち

カープ（広島）

ポジション	名前	打順
先発投手	長谷川 良平	9
	北別府 学	
	川口 和久	
	黒田 博樹	
	前田 健太	
救援投手	大野 豊	
捕手	達川 光男	8
一塁手	衣笠 祥雄	7
二塁手	正田 耕三	2
三塁手	江藤 智	5
遊撃手	野村 謙二郎	1
外野手	山本 浩二	4
	前田 智徳	3
	鈴木 誠也	6
指名打者	（丸 佳浩）	—
監督	古葉 竹識	—

ますが、投手の持ち味をうまく引き出す好リードで3度の優勝に貢献しました。

一塁手は、本塁打王と打点王を獲得した新井貴浩も挙げられますが、鉄人衣笠祥雄を選出しました。山本浩二と共に赤ヘル旋風を吹かせ、昭和50年の初優勝を皮切りに広島の黄金時代を築き、昭和59年には打点王、MVPも獲得しました。しかし、何といっても衣笠の凄さは、連続試合出場記録の世界記録（当時）を樹立し、国民栄誉賞を獲得したことです。骨折しながらも試合に出場するプロ意識、責任感の強さは世のビジネスマンも見習うべきです。背番号3は永久欠番です。

二塁手は、巧打と抜群の守備を誇る菊池涼介も挙げられますが、首位打者2度の正田耕三で文句ないと思います。短いバットで確実に当てる技術を持ち三振の少なさは目を見張るものがあります。

三塁手は、１９９０年代の四番打者で本塁打王獲得の江藤智を選出しました。巨人に移籍しましたが、広島に居ればもっと活躍できたと思います。

遊撃手は、打率3割を5度、20本塁打以上を4度記録したスイッチヒッターの草分けで、33試合連続安打の日本記録を樹立した黄金時代のリードオフマン高橋慶彦と野村謙二郎の争いですが、トリプルスリーと２０００本安打達成の野村謙二郎を選出しました。１９９０年代にリードオフマンとしてチームを牽引しました。

左翼手は、ミスター赤ヘル山本浩二を選出しました。昭和50年初優勝の四番打者として活躍し首位打者を獲得、その後も本塁打王４度、打点王３度を獲得し、カープの黄金時代を牽引しました。通算５３６本塁打のうち30歳を過ぎてから３６７本を放ち、典型的な大器晩成型のスラッガーとして有名です。背番号8は永久欠番となり、引退後は広島の監督としてリーグ優勝に導きました。少し余談ですが、山本は今では当たり前になった個人応援歌で応援された選手の第1号です。現在では日本プロ野球の風物詩である鳴り物入り応援ですが、昭和50年頃にカープのファンが球場にトランペットを持ち込み、コンバットマーチを演奏しだしたのが始まりです。そして、昭和53年には、山本の打席で「コージコール」が演奏されるようになりました。

中堅手は、三連覇の主砲で走攻守三拍子揃った2年連続ＭＶＰ丸佳浩も挙げられますが、妥協を許さない求道者前田智徳を選出しました。広島一筋24年間で２０００本安打を達成しました。落合やイチローが自らを差し置いて天才と認めた打撃センスはプロ野球史に残る秀逸さであり、アキレス腱断裂のケガがなければもっと活躍できたと思います。指名打者制の場合は、丸を選出しました。

右翼手は、打撃と守備に優れ黄金時代を支えた外国人ライトル、盗塁王で長打力もあり三拍子揃った広島一筋23年間に渡り活躍、監督としても三連覇を果たした緒方孝市も挙げられますが、三連覇の主砲で「神ってる」の流行語を生みだし、俊足強肩強打の鈴木誠也を選出しました。４年連続３割を達成、首位打者を獲得し今後の更なる活躍が楽しみです。

打順は、一番野村、二番正田、三番前田、四番山本、五番江藤、六番鈴木、七番衣笠、八番達川というラインナップで組みました。

監督は、黄金時代の監督で3度の優勝と2度の日本一に導いた古葉竹識を選出しました。

球団別歴代ベストナイン

東京ヤクルトスワローズ

■4239勝4850敗304分／勝率0・466／優勝7回／日本一5回

東京ヤクルトスワローズは、2リーグ制になった昭和25年国鉄スワローズとして発足しました。昭和40年にはサンケイ、昭和45年にはヤクルトとなり、平成18年から東京ヤクルトとなりました。1950年代から1960年代は低迷期が続き、優勝を期待できるチームではありませんでした。しかし、昭和53年に広岡監督の下、リーグ初優勝を遂げ、勢いに乗って当時最強の阪急を破り、日本一となりました。1990年代には野村監督によりID野球を標榜し、リーグ優勝4回、日本一3回の黄金時代を築きました。

スワローズの歴代ベストナインは次のとおり選出しました。

先発投手は、言わずと知れた400勝投手金田正一、初優勝に貢献し金田に次ぐ球団勝利記録191勝を挙げた松岡弘、低迷期にエースとして活躍した尾花高夫、最多勝と沢村賞、そして日本シリーズMVPも獲得した川崎憲次郎、平成4年の日本シリーズ西武との激闘で3完投した岡林洋一、日米通算182勝を挙げ平成10年には日本記録となる奪三振率11・047を記録したサウスポー石井一久、ルーキーから4年連続二桁勝利を達成しリーグ二連覇に貢献した西村龍次、史上最高の高速スライダーでルーキーイヤーに防御率0・91を記録した伊藤智仁、通算11回の2ケタ勝利を挙げた小さなサウスポー石川雅規と挙げられますが、金田、松岡、石井、伊藤、石川を選出しました。特に金田は弱い国鉄時代に14年連続20勝を挙げ、通算400勝や4490奪三振は到底破られることはない記録です。現役生活において用いた球種は速球と縦に鋭く割れるカーブのみであり、特に直球は手元から離れても最後まで球速が落ちないと言われるほど凄まじい球威を誇りました。そのワンマンぶりから金田天皇と言われましたが、練習はとにかくハードで、周りが音を上げるほど徹底的に走ることでの下半身強化とストレッチを重視しました。左腕には普段の生活から神経を配りきめ細やかなケアを行い、新鮮な食材の調達による自ら腕を振るった金田スープやミネラルウォーターの補給など今では当たり前となっているコンディショニング方法に約60年前から取り組んでいました。そして、有名な昭和33年開幕戦のゴールデンルーキー長嶋のデビュー戦では、4打席4三振に抑えたものの、すべて空振り三振で物怖じせずにフルスイングする長嶋に対して「末恐ろしさを感じた」との逸話があります。引退後は、自ら中心となって日本プロ野球名球会を創設しました。

救援投手は、ルーキーイヤーから2年連続最優秀防御率の無四球王安田猛、リリーフで最多勝を獲得した伊東昭光、速球を武器に球団史上最多登板を記録した石井弘寿も挙げられますが、シンカーを武器に黄金時代を支えたセーブ王高津臣吾を選出しました。

捕手は、初優勝時の正捕手大矢明彦も挙げられますが、文句なしにID野球の申し子古田敦也を選出しました。1990年代の黄金時代にマスクをかぶり2度のMVPに輝き、まさにヤクルト黄金時代最大の立役者です。捕手として野村以来の首位打者を獲得、右打者でありながら3割越えが8シーズンで終身打率0・294、大学卒ノンプロ経験者で初の2000本安打も記録しています。また卓越した配球理論とリードはもちろんのこと、驚異的な盗塁阻止率6割超えを史上唯一2度もマークをしており、スローイングの速さは捕手史上No.1と言って過言ではありません。

一塁手は、来日1年目で史上初の3割40本を記録したペタジーニも挙げられますが、広沢克己を選出しました。明治大学の大砲からヤクルトの大砲として打点王を獲得するなど、黄金時代の中心打者として活躍しました。

二塁手は、切り込み隊長としてチームを牽引したケンカ四郎こと武上四郎も挙げられますが、山田哲人を選出しました。史上初のトリプルスリー複数回達成者かつ本塁打王と盗塁王の同時獲得者で日本人右打者シーズン最多安打記録保持者です。来た球を打つ天才的な打撃センスで、今後の更なる活躍が楽しみです。

三塁手は、令和時代を担うであろう史上3人目の高卒2年目で30本塁打を記録した村上宗隆も挙げられますが、実績からメジャーにも行った岩村明憲を選出しました。3年連続3割30本を達成、当時球団タイ記録に並ぶ44本塁打を記録しました。

遊撃手は、攻守で2000本安打のチームリーダーで日本代表のキャプテンも務めた宮本慎也も挙げられますが、ブンブン丸池山隆寛を選出しました。黄金時代に活躍し豪快なフルスイングで5年連続30本塁打を記録しました。また守りでは強肩が大きな持ち味でした。

左翼手は、シーズン本塁打記録60本と長打率記録0・779の保持者バレンティンも挙げられますが、私の故郷北海道留萌市出身の小さな大打者若

スワローズ・アトムズ
（国鉄・サンケイ・ヤクルト）

ポジション	名前	打順
先発投手	金田 正一	9
	松岡 弘	
	石井 一久	
	伊藤 智仁	
	石川 雅規	
救援投手	高津 臣吾	
捕　手	古田 敦也	8
一塁手	広沢 克己	5
二塁手	山田 哲人	1
三塁手	岩村 明憲	6
遊撃手	池山 隆寛	7
外野手	若松 勉	3
	青木 宣親	2
	ラミレス	4
指名打者	（バレンティン）	―
監　督	野村 克也	―

松勉を選出しました。２度の首位打者はいずれも王の三冠王を阻んでいます。通算打率は歴代２位（日本人では歴代１位）で２０００本安打も記録しています。引退後は監督として日本一にもなっており、まさにミスタースワローズに相応しい貢献です。正力賞、野球殿堂入りも果たし、北海道民栄誉賞や留萌市民栄誉賞も受賞した郷土の英雄です。指名打者制の場合には、当然にバレンティンを選出しました。

中堅手は、私の中では外野手としての守備力と強肩は史上№１の飯田哲也と元メジャーリーガー青木宣親の争いですが、ここは打撃力の方を買って青木を選出しました。何といってもシーズン２００安打２度は日本記録であり、３度の首位打者と盗塁王も獲得し、メジャーでもレギュラーとして活躍しました。

右翼手は、外国人枠適用選手では史上初の名球会入りを果たしたラミレスを選出しました。首位打者1度、本塁打王２度、打点王４度獲得、８年連続１００打点超えという文句なしの記録を残し勝負強さを発揮しました。

打順は、一番山田、二番青木、三番若松、四番ラミレス、五番広沢、六番岩村、七番池山、八番古田というラインナップで組みました。

監督は、ヤクルトを弱小球団からＩＤ野球を掲げ勝つ集団に変貌させ黄金時代を築き、１９９０年代にリーグ優勝４回、日本一３回に導いた野村克也で誰も異論はないと思います。

球団別歴代ベストナイン

横浜ＤｅＮＡベイスターズ

■４０６６勝 ５０３５敗 ２９３分 ／勝率０・４４７／優勝２回／日本一２回

松竹ロビンス

■６４７勝８９６敗 ５７分／勝率０・４１９／優勝１回／日本一０回

横浜ＤｅＮＡベイスターズは、昭和25年に大洋ホエールズとして発足し、松竹と合併し洋松となり、その後大洋ホエールズに戻り本拠地を川崎に暫く置きましたが、昭和53年に横浜に本拠地を移し横浜大洋ホエールズとなりました。平成5年に横浜ベイスターズに球団名を変え、現在は親会社が変わり、横浜ＤｅＮＡベイスターズとなりました。全般的に低迷期が多く、優勝は、昭和35年の三原監督による日本一、平成10年にはマシンガン打線と大魔神佐々木を擁して権藤監督の下で日本一となったのみです。また、合併した前身の松竹は、昭和25年に2リーグに分かれて初のセリーグ優勝を飾っています。

ベイスターズの歴代ベストナインは次のとおり選出しました。

先発投手は、昭和25年にセ・リーグ優勝に大きく貢献した真田重蔵、昭和35年に優勝と日本一時のエースで通算193勝の秋山登、1960年代から1970年代にかけて、ONをきりきり舞いさせたカミソリシュートを武器に巨人から51勝を挙げてなおかつ勝ち越した史上最高の巨人キラーで球団唯一の200勝投手平松政次、1980年代にフォークボールを武器に活躍した遠藤一彦、抜群の投球術で平成10年の日本一時にエースとして活躍した野村弘樹、同じく平成10年の日本一の時に活躍しメジャーリーグではリリーフエースとして活躍した斉藤隆、抜群の制球力で通算172勝を挙げたハマの番長こと三浦大輔が挙げられますが、秋山、平松、遠藤、野村、三浦を選出しました。

救援投手は、ヒゲのリリーフエース斉藤明夫も挙げられますが、ここは大魔神佐々木主浩、メジャーでも短いですが大魔神ぶりを発揮しました。握力が非常に強く、投落差の大きなフォークは、2階からのフォークとも形容されました。佐々木を苦手としていたバッターは多く、特に松井は打率0・080（25打数2安打）と大の苦手としていた一方、落合は打率0・444（36打数16安打4本塁打）とよく打っていました。

捕手は、日本一に導いた土井淳も挙げられますが、プロ野球史上最多出場記録を持ち平成10年の日本一時の正捕手谷繁元信を選出しました。

一塁手は、２０００本安打を達成し球団随一の記録を残しながら同時期にＯＮがいたためにタイトルと優勝に縁がなかった松原誠や打点王を獲得し一塁の守備にも優れたロペスも挙げられますが、来日してから２年連続40本以上の本塁打王で打点王も獲得したソトを選出しました。本来は一塁手ですが、二塁や外野も守れるユーティリティぶりを発揮しながら結果を残しています。

ロビンス・ホエールズ・ベイスターズ（松竹・大洋・横浜）

ポジション	名前	打順
先発投手	秋山 登	9
	平松 政次	
	遠藤 一彦	
	野村 弘樹	
	三浦 大輔	
救援投手	佐々木 主浩	
捕　手	谷繁 元信	8
一塁手	ソ　ト	6
二塁手	ローズ	5
三塁手	村田 修一	7
遊撃手	石井 琢朗	2
外野手	筒香 嘉智	3
	小鶴 誠	4
	鈴木 尚典	1
指名打者	（ポンセ）	―
監　督	権藤 博	―

二塁手は、昭和35年日本一時のレギュラー近藤昭仁や俊足好打で当時の俊足３人組スーパーカートリオの一角を担い４年連続打率３割を記録した高木豊も挙げられますが、平成10年の日本一時の四番打者ローズを選出しました。当時右打者最高打率０・３６９を記録し打点王も

2回獲得しました。マシンガン打線の中心として優勝と日本一に貢献しました。

三塁手は、オバQと呼ばれホームランを量産した田代富雄も挙げられますが、本塁打王を2回獲得の男・村田こと村田修一を選出しました。

遊撃手は、慶応ボーイで好守の山下大輔も挙げられますが、平成10年日本一時のリードオフマン石井琢郎を選出しました。入団時はピッチャーでしたが、打者に転向して持ち前のガッツでコツコツと2000本安打を達成した努力家です。

左翼手は、昭和35年の日本一時に活躍したバットを担ぐように打つ独特な天秤打法の近藤和彦も挙げられますが、本塁打・打点の二冠と3試合連続マルチ本塁打というプロ野球新記録を樹立した筒香嘉智を選出しました。体格にも恵まれ、熱心な取り組み姿勢もあり、今後の更なる活躍が楽しみです。

中堅手は、ルーキーの本塁打数の記録を作り本塁打王も獲得した桑田茂も挙げられますが、松竹時代にプロ野球史上初のシーズン50本塁打を放ち優勝に貢献した和製ディマジオ小鶴誠を選出しました。

右翼手は、首位打者を獲得した長崎慶一や本塁打王と打点王の二冠を獲得し、当時流行していたスーパーマリオブラザーズのマリオの愛称で親しまれたポンセも挙げられますが、平成10年に日本一時の三番打者で2年連続首位打者を獲得した鈴木尚典を選出しました。指名打者制の場合はポンセを選出しました。

打順は、一番鈴木、二番石井、三番筒香、四番小鶴、五番ローズ、六番ソト、七番村田、八番谷繁というラインナップで組みました。

監督は、平成10年のマシンガン打線と大魔神佐々木の起用で見事に日本一に導いた権藤博を選出しました。

コラム①

優勝回数の多い「持っている」選手は？

野球は団体競技、チームスポーツです。目的はチームの勝利、優勝を目指して試合に臨むことは言うまでもありません。もちろん、試合の成り立ちがサッカーやバスケットボール、ラグビーなどに比べ、投手と打者の1対1の対決という積み重ねであるので、個人競技的な要素が強いスポーツで、個人記録なども他の団体競技に比べ様々なものがありますが、私は個人記録よりもいかにチームの勝利、優勝に貢献したかがその選手の価値を測る指標であるべきと思っています。

そこで、日米通算で、投手であれば、200勝以上または2000奪三振以上、打者であれば2000本安打以上または400本塁打以上の選手の優勝回数を数えてみました（該当年の優勝への貢献を考慮し、所属年に打者であれば100試合以上出場もしくは300打席到達、投手であれば、15試合以上登板もしくは100投球回到達としました）。

投手では何と言っても工藤公康が凄いですね！　14回のリーグ優勝を3球団で達成、3球団を優勝と日本一に導いたまさに「優勝請負人」と言えます。監督としてもホークスを優勝と日本一に導き、真の実力と運を兼ね備えた稀代の野球人であると言えます。

工藤に続くのは巨人の投手ばかりですが、食い込んでいるのが山田久志と杉内俊哉です。山田はブレーブスで7回の優勝ですが、杉内はホークスとジャイアンツで6回の優勝、両チームに跨り5年連続の優勝を遂げているこれもまさに「優勝請負人」です。

なお、松坂大輔は、高校時代に春夏連覇、プロ入り後も2回の優勝と1回の日本一、そしてメジャーリーグでは1年目からワールドシリーズ制覇と「持っている」怪物だと思います。

打者では10回以上の優勝で川上哲治、王貞治、長嶋茂雄、柴田勲と巨人勢の中に食い込んでいるが、清原和博です。清原は、高校時代も1年生から四番で全国制覇、最後の3年も全国制覇、プロ入り後も1年目から3年連続で優勝と日本一に輝いています。

チームの栄光とともにあったという点で、川上、王、長嶋に匹敵するのはプロ野球史上

２０００奪三振以上の投手

優勝回数	優勝球団数	投手	奪三振
5	1	金田 正一	4490
5	1	米田 哲也	3388
3	2	小山 正明	3159
0	0	野茂 英雄	3122
2	1	鈴木 啓示	3061
3	2	江夏 豊	2987
5	1	梶本 隆夫	2945
14	3	工藤 公康	2859
4	1	稲尾 和久	2574
3	1	ダルビッシュ有	2549
4	1	石井 一久	2545
1	1	三浦 大輔	2481
0	0	黒田 博樹	2447
1	1	村田 兆治	2363
3	1	山本 昌	2310
2	1	村山 実	2271
1	1	小野 正一	2244
1	1	田中 将大	2185
6	2	杉内 俊哉	2156
3	2	松坂 大輔	2130
7	1	槙原 寛己	2111
4	2	川口 和久	2092
5	1	西口 文也	2082
7	1	山田 久志	2058
0	0	平松 政次	2045
2	1	星野 伸之	2041
1	1	松岡 弘	2008

２００勝以上の投手

優勝回数	優勝球団数	投手	勝利
―	―	金田 正一	400
―	―	米田 哲也	350
―	―	小山 正明	320
―	―	鈴木 啓示	317
11	2	別所 毅彦	310
7	1	スタルヒン	303
―	―	山田 久志	284
―	―	稲尾 和久	276
4	1	梶本 隆夫	254
5	1	東尾 修	251
0	0	野口 二郎	237
2	1	若林 忠志	237
―	―	工藤 公康	224
―	―	村山 実	222
4	1	皆川 睦雄	221
―	―	山本 昌	219
1	1	杉下 茂	215
―	―	村田 兆治	215
5	1	北別府 学	213
9	1	中尾 碩志	209
―	―	江夏 豊	206
10	1	堀内 恒夫	203
―	―	黒田 博樹	203
―	―	平松 政次	201
―	―	野茂 英雄	201
6	1	藤本 英雄	200

※ーは 2,000 奪三振と重複する選手

400本塁打以上の選手

優勝回数	優勝球団数	選　手	本塁打
14	1	王　貞治	868
6	1	野村 克也	657
1	1	門田 博光	567
5	1	山本 浩二	536
10	2	清原 和博	525
3	2	落合 博満	510
6	2	松井 秀喜	507
4	2	張本　勲	504
5	1	衣笠 祥雄	504
1	1	大杉 勝男	486
2	1	金本 知憲	476
2	1	田淵 幸一	474
0	0	土井 正博	465
1	1	ローズ	464
13	1	長嶋 茂雄	444
9	2	秋山 幸二	437
3	1	小久保 裕紀	413
7	1	阿部 慎之助	406
1	1	中村 紀洋	404
1	1	山崎 武司	403

の打者では清原であり、スター性では長嶋に次ぐ、本当に「持っている」スーパースターだと思います。

また、メジャーリーグでワールドシリーズ制覇した松井秀喜と井口資仁は、日本でも日本一になっています。特に松井は注目度の高い巨人で日本シリーズMVP、ヤンキースでワールドシリーズMVPに輝いており、これも「持っている」大選手と言えます。あと、松井稼頭央は、メジャーリーグも入れると3球団を優勝に導いている打者の「優勝請負人」です。

もちろん、たまたま弱小球団に所属して優勝に恵まれなかったことも多分にあり、一概にこの結果で測ることは言えないと思っています。しかしながら、やはり野球の最終的な目的から考えるならば、優勝回数の多い選手は、大きなプレッシャーに打ち克ち、個人の成績よりチームの勝利のために長期間に渡って貢献した価値の高い選手と評価できると考えます。

2000本安打以上の選手

優勝回数	優勝球団数	選手	安打
2	1	イチロー	4367
ー	ー	張本　勲	3085
ー	ー	野村 克也	2901
ー	ー	王　貞治	2786
5	3	松井 稼頭央	2705
ー	ー	松井 秀喜	2643
ー	ー	門田 博光	2566
ー	ー	衣笠 祥雄	2543
7	1	福本　豊	2543
ー	ー	金本 知憲	2539
4	1	立浪 和義	2480
ー	ー	長嶋 茂雄	2471
ー	ー	土井 正博	2452
1	1	石井 琢朗	2432
ー	ー	落合 博満	2371
1	1	青木 宣親	2365
14	1	川上 哲治	2351
ー	ー	山本 浩二	2339
2	1	榎本 喜八	2314
3	1	福留 孝介	2306
1	1	高木 守道	2274
2	2	山内 一弘	2271
4	2	井口 資仁	2254
ー	ー	大杉 勝男	2228
2	1	大島 康徳	2204
2	1	新井 貴浩	2203
1	1	若松　勉	2173
4	1	内川 聖一	2171
6	2	稲葉 篤紀	2167
5	1	広瀬 叔功	2157
ー	ー	秋山 幸二	2157
2	1	宮本 慎也	2133
ー	ー	阿部 慎之助	2132
ー		清原 和博	2122
5	2	小笠原 道大	2120
1	1	前田 智徳	2119
5	2	谷繁 元信	2108
ー	ー	中村 紀洋	2106
5	1	古田 敦也	2097
0	0	松原　誠	2095
1	1	鳥谷　敬	2085
3	2	山﨑 裕之	2081
0	0	藤田　平	2064
2	1	谷沢 健一	2062
1	1	江藤 慎一	2057
1	1	有藤 道世	2057
6	1	加藤 英司	2055
4	2	和田 一浩	2050
4	1	荒木 雅博	2045
ー	ー	小久 保裕紀	2041
1	1	新井 宏昌	2038
1	1	野村 謙二郎	2020
12	1	柴田　勲	2018
3	2	ラミレス	2017
0	0	田中 幸雄	2012
4	2	駒田 徳広	2006
1	1	福浦 和也	2000

※ーは400本塁打と重複する選手

球団別歴代ベストナイン

埼玉西武ライオンズ

■4824勝4255敗365分／勝率0・531／優勝23回／日本一13回

埼玉西武ライオンズは、前身は昭和25年に福岡を本拠地として発足した西鉄クリッパーズです。その後、西鉄ライオンズと名前を変え、太平洋クラブ、クラウンライターと親会社が変わり、埼玉県所沢市に本拠地を移し、西武と球団名が変わりました。ライオンズは、2つの黄金時代があります。それは、1950年代後半の西鉄による日本シリーズ三連覇と1980年代から1990年代までの西武による13回のリーグ優勝、7度の日本一です。

ライオンズの歴代ベストナインは次のとおり選出しました。

先発投手は、西鉄時代初期のエース川崎徳次、西鉄三連覇の立役者「神様、仏様、稲尾様」と言われた鉄腕稲尾和久、入団1年目から20勝を挙げ幻の300勝投手と言われた池永正明、ライオンズ低迷期から黄金期初期のエースとして通算251勝を挙げて与死球165個という日本記録を持つケンカ投法東尾修、2年連続シリーズMVPに選ばれ、その後3球団で優勝と日本一を経験し「優勝請負人」と呼ばれた工藤公康、当時最速158キロの快速球とキレの良いスライダーとシュートを駆使し死角のなかったオリエンタル・エキスプレス郭泰源、快速球とフォークを武器に黄金時代の投手陣の柱であった渡辺久信、キレの良いスライダーを武器に182勝を挙げた西口文也、甲子園で伝説を作りプロデビュー戦で155キロを記録、メジャーでもシーズン18勝を挙げた平成の怪物松坂大輔、スリークォーターからの速球と多彩な変化球の涌井秀章、左腕史上最速158キロの速球とスライダーが武器の菊池雄星と挙げられますが、稲尾、東尾、工藤、郭、松坂を選出しました。特に稲尾は何と言っても昭和33年の巨人との日本シリーズで3連敗後の4連勝は球史に残る伝説となっています。また、ペナントレースでもプロ入りから8年連続で20勝以上を挙げ、「鉄腕」の名を欲しいままにしました。この8年間の平均登板数は66試合、平均の投球回数は345イニングであり、チームの勝利のために投げ続けた投手としての鏡と言えます。そして、シーズン最多勝利42勝は永遠に破られない記録と思います。背番号24は球団唯一の永久欠番です。

救援投手は、連覇時にセーブ王に輝いた森繁和、西武黄金時代後半のリリーフエース潮崎哲也、球団最多セーブの豊田清が挙げられますが、潮崎を選出しました。全盛期の一旦浮いてから沈む魔球シンカーは各打者が手も足も出ませんでした。

捕手は、西鉄三連覇時の正捕手和田博実や捕手として史上4人目の首位打者を獲得した打撃の良い森友哉も挙げられますが、西武黄金時代の正捕手伊東勤を選出しました。個性派揃いの投手をリードし22年間で14回のリーグ優勝に貢献しました。

一塁手は、王貞治に並ぶ55本のシーズン本塁打記録のカブレラや巨漢のホームランバッターで2年連続本塁打王を獲得しＭＶＰにも選ばれた山川穂高も挙げられますが、ここは清原和博、高校野球史上最高の打者で、プロ野球史上も才能は№1と言って過言ではないと思います。高校1年生から名門ＰＬ学園の四番に座り怪物と言われ、甲子園で放った13本塁打は今後も破られない記録です。またプロ入り後も高卒1年目で四番に座り、高卒新人本塁打31本の新記録を樹立、新人王を獲得、その後タイトルを獲るまでに至らず無冠の帝王と呼ばれましたが、常に本塁打、打点と上位に食い込み、大試合で勝負強さを発揮し黄金時代の樹立に貢献しました。通算本塁打日本歴代5位、打点は6位、通算サヨナラホームラン12本は歴代1位です。また、純粋に四死球だけで出塁した率、投手が警戒する強打者の指標ＩｓｏＤ（Ｉｓｏｌａｔｅｄ Ｄｉｓｃｉｐｌｉｎｅ）は、４０００打数以上の歴代打者で1位王０・１４５に次ぐ2位０・１１７であり、３位落合０・１１２、４位松井０・１０９を上回ります。

二塁手は、打点王2度獲得の勝負強い打撃の浅村栄斗も挙げられますが、西武黄金時代の名手辻発彦を選出しました。昭和62年の日本シリーズ第6戦ではシングルヒットで一塁からホームインした走塁が印象的です。

三塁手は、怪童中西太とおかわり君中村剛也の争いになりましたが、西鉄三連覇の主軸中西を選出しました。「怪童」と呼ばれ新人から爆発力を発揮、5度の本塁打王に輝き、4度の二冠王、160メートルのホームランやショートがジャンプして捕ろうとした打球がホームランになった、ファウルチップで焦げた臭いがしたなどの伝説があります。中村も6度も本塁打王になり、凄いのは、平成23年に中村1人でリーグ全体の10・57%の本塁打を放ったことで、これは昭和28年の中西の9・33%を上回っており、10%以上となったのは2リーグ分裂後初のことです。

遊撃手は、西鉄黄金時代の二番バッターで勝負

ライオンズ
(西鉄・太平洋クラブ・クランライター・西武)

ポジション	名前	打順
先発投手	稲尾 和久	—
	東尾 修	
	工藤 公康	
	郭 泰源	
	松坂 大輔	
救援投手	潮崎 哲也	
捕手	伊東 勤	8
一塁手	清原 和博	5
二塁手	辻 発彦	9
三塁手	中西 太	3
遊撃手	松井 稼頭央	1
外野手	大下 弘	4
	秋山 翔吾	2
	秋山 幸二	6
指名打者	デストラーデ	7
監督	三原 脩	—

強さを発揮した豊田泰光や西武黄金時代にリードオフマンとしてチームを牽引した初代ミスターレオ石毛宏典も挙げられますが、走攻守すべてが超一流の二代目ミスターレオ松井稼頭央を選出しました。松井は俊足・巧打・長打・強肩・好守でスイッチヒッターでもあり、日本最強のオールラウンド選手と言われ、メジャーリーグや楽天時代を含めて２５００本安打を達成しています。

左翼手は、西鉄三連覇に活躍し五番を打った関口清治や3年連続30本塁打や首位打者を獲得し２０００本安打を達成した和田一浩も挙げられますが、戦後復興期の国民的スターとして、青バットでホームランブームを巻き起こし、子供たちから絶大な人気を誇った白面の貴公子大下弘を選出しました。昭和20年11月の東西対抗戦では戦後初となるサク越え本塁打を放って衝撃的なデビューを飾ります。昭和21年に20本塁打を記録し、この年のリーグ本塁打数は２１１であり、大下はリーグ全体の本塁打の1割弱（9・5％）を打ちました。虹のような弧を描く滞空時間の長いホームランで戦後復興期に夢と希望を与えた戦後復興期を代表するスターでした。伝説の1試合7打数7安打の記録や昭和26年には当時の最高記録・打率０・３８３を記録、西鉄移籍後は黄金時代の四番打者として三連覇に貢献しました。

中堅手は、西鉄三連覇の切り込み隊長高倉照幸も挙げられますが、シーズン最多安打記録２１６本の保持者で強肩俊足好守の秋山翔吾を選出しました。

右翼手は、私が見た中で日本シリーズ史上最高の名勝負である昭和58年西武ＶＳ巨人の第7戦で満塁走者一掃の逆転決勝打を放ったのが印象的な連覇時の中核テリーも挙げられますが、西武黄金時代の主砲秋山幸二を選出しました。俊足かつ長打力もあるのは大きな魅力で、盗塁王と本塁打王を獲得しました。昭和61年の日本シリーズ第8戦に決勝ホームラン時のバク宙ホームインは身体能力の高さを物語ります。

指名打者は、西武黄金時代の助っ人で3年連続の本塁打王に輝いたデストラーデを選出しました。

打順は、一番松井、二番秋山翔、三番中西、四番大下、五番清原、六番秋山幸、七番デストラーデ、八番伊東、九番辻というラインナップで組みました。

監督は、西鉄黄金時代の監督で3球団を優勝に導いた魔術師、知将三原脩を選出しました。監督としての３２４８試合出場は日本プロ野球記録です。

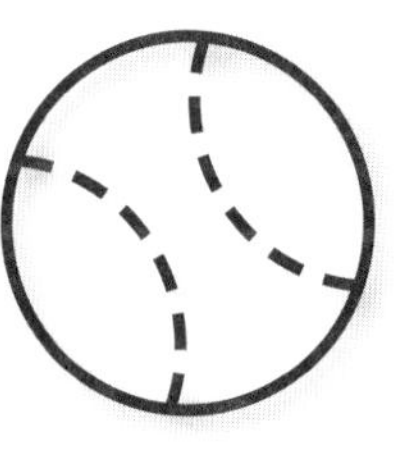

福岡ソフトバンクホークス

■5336勝4762敗371分／勝率0・528／優勝20回／日本一10回

福岡ソフトバンクホークスは、昭和13年に発足した戦前からある名門チームであり、南海、近畿グレートリンク時代は大阪を本拠地、そして、ダイエー、ソフトバンクとなり福岡を本拠地としました。鶴岡監督率いる1950年代、1960年代はパ・リーグの常勝球団でした。1970年代後半から1990年代中盤まで長く低迷期が続きましたが、平成となり親会社がダイエー、ソフトバンクになり、平成11年には26年ぶりとなる優勝を果たし、2000年代に入って往年の強さが戻ってきました。セ・パ交流戦の優勝回数も断トツ1位、令和初の日本シリーズも制覇し三連覇を果たしました。

ホークスの歴代ベストナインは次のとおり選出しました。

先発投手は、アンダースローからの制球力が武器の最後の30勝投手皆川睦男、宿敵巨人相手に日本シリーズ4連投4連勝の史上最強のアンダースロー杉浦忠、昭和39年にシーズンと日本シリーズでMVPを獲得したスタンカ、通算79勝23敗で通算勝率・775を誇る負けないピッチャー斉藤和巳、1930回2／3での2000奪三振達成のプロ野球史上最速記録を持つ杉内俊哉、その杉内とWエースと呼ばれ最多勝2回、MVPも獲得した和田毅、最優秀中継ぎ投手と最多勝を獲得した摂津正、160キロの速球と通称お化けフォークを駆使して育成ドラフトからエースに駆け上がった千賀滉大が挙げられますが、皆川、杉浦、斉藤、杉内、和田を選出しました。特に杉浦は、立教時代には長嶋と同級生で黄金時代を築き、南海に入団後も大活躍し、伝説として右打者の背後からカーブが曲がって背中を通る軌道の球がストライクになる、真っすぐは地を這うような球が明らかに浮き上がってきたという伝説があります。

救援投手は、連続イニング奪三振記録とシーズン最多セーブ記録保持者サファテ、登板267試合目で日本人最速で通算150セーブを達成した馬原孝浩の争いですが、日本人の馬原を選出しました。

捕手は、文句なく生涯一捕手野村克也、本塁打王9度、打点王7度、戦後初の三冠王も獲得しています。卓越した野球理論と頑健な肉体で45歳まで27年間実働し、プロ野球に燦然たる記録を数多く残しています。人気のなかったパ・リーグで活躍したにも関わらず注目度が低かったので自らを月見草に喩え、同い年のスーパースター長嶋をひまわりに喩えて対比しました。昭和45年からは選手兼任監督として昭和48年にはリーグ優勝を果たしました。捕手としてデータを重視したシンキングベースボールを掲げるとともに、江夏のリリーフ転向に代表される投手を再生する技術に卓越し、「野村再生工場」と言われました。他に、勝負強いバッティングで日本一に貢献し、初のメジャーリーガー捕手となった城島健司も挙げられますが、やはり実績では及びません。

一塁手は、打点王、盗塁王、MVPを獲得した飯田徳治も挙げられますが、平成唯一の三冠王を獲得した松中信彦を選出しました。松中は史上初の3年連続120打点を記録、内角球の捌きが上手で選球眼が良く総合力が高い打者です。

二塁手は、首位打者、盗塁王を獲得の岡本伊佐美も挙げられますが、メジャーリーグ経験のある井口資仁を選出しました。井口は長打力もあり俊足で勝負強さも光ります。

三塁手は、戦前に本塁打王、打点王を獲得した鶴岡一人、三塁手として史上最多の通算7度のゴールデングラブ受賞の熱男松田宣浩も挙げられますが、本塁打王、打点王を獲得し名球会入りの小久保裕紀を選出しました。ホークスへの貢献度からすると、はるかに鶴岡の方が上ですが、選手としての実績で小久保を選出しました。練習の虫で人一倍の努力家、サムライJAPANの監督も務めました。

遊撃手は、明るいムードメーカーで盗塁王も獲った川崎宗則も挙げられますが、歴代屈指の名遊撃手とも呼ばれた木塚忠助を選出しました。通算盗塁も歴代4位で抜群の守備と走塁はフリーパスでメジャーリーグから誘いを受けた日本人選手第一号でもあります。

左翼手は、右打者史上最高打率記録保持者0・378の内川聖一を選出しました。史上2人目の両リーグでの首位打者獲得、右打者としては落合と並び1位タイの7年連続打率3割達成者です。

ホークス（南海・ダイエー・ソフトバンク）

ポジション	名前	打順
先発投手	皆川 睦夫	―
	杉浦 忠	
	斉藤 和巳	
	和田 毅	
	杉内 俊哉	
救援投手	馬原 孝浩	
捕　手	野村 克也	4
一塁手	松中 信彦	3
二塁手	井口 資仁	8
三塁手	小久保 裕紀	7
遊撃手	木塚 忠助	9
外野手	内川 聖一	6
	柳田 悠岐	1
	広瀬 淑功	2
指名打者	門田 博光	5
監　督	鶴岡 一人	―

中堅手は、史上初のトリプルスリーと首位打者を同時獲得、走攻守三拍子揃った柳田悠岐を選出しました。あのフルスイングは見ていて気持ちが良いですし、守備も強肩も素晴らしく今後の更なる活躍が楽しみな選手です。

右翼手は、走攻守三拍子揃っていて首位打者と盗塁王を獲得した佐々木誠も挙げられますが、史上初の首位打者、盗塁王を同時獲得し名球会入りしている広瀬叔功を選出しました。１９６０年代黄金時代南海のリードオフマンであり、歴代盗塁数2位、盗塁成功率は歴代1位です。

指名打者は、野村の後に四番に座った門田博光を選出しました。豪快なバッティングで本塁打王、打点王、ＭＶＰに輝きました。また、安打数、打点数、本塁打数は歴代で上位4位以内の記録を持ちます。これは、野村に匹敵する実績です。

打順は、一番柳田、二番広瀬、三番松中、四番野村、五番門田、六番内川、七番小久保、八番井口、九番木塚というラインナップで組みました。

監督は、南海黄金時代の監督で通算１７７３勝を挙げたプロ野球史上最多勝監督の親分鶴岡一人を選出しました。勝率０・６０９は歴代監督の中でも唯一の6割超えです。

球団別歴代ベストナイン

オリックスバファローズ

■5253勝5019敗362分／勝率0・511／優勝12回／日本一4回

オリックスバファローズは、プロ野球創世期である昭和11年に発足した阪急を受け継ぎ現在まで続いているチームです。阪急ブレーブスは西宮球場を本拠地として、長い間低迷が続きましたが、1960年代後半から1970年代にかけて西本監督で5回、上田監督で4回のリーグ優勝を成し遂げました。そして、昭和51年と昭和52年にはV9時代に一度も勝てなかった巨人を破り日本一、日本シリーズ三連覇、パ・リーグ四連覇と黄金時代が続きました。

その後、オリックスブルーウェーヴとチーム名が変わり、神戸に本拠地を移し、阪神大震災のあった平成7年に優勝、その翌年に再び日本一を達成しています。そして平成17年に近鉄バファローズを吸収し、オリックスバファローズという名称になりました。

オリックスバファローズの歴代ベストナインは次のとおり選出しました。

先発投手は、公式戦9連続奪三振のプロ野球史記録を持つ通算254勝の奪三振王サウスポー梶本隆夫、歴代2位の通算350勝の記録を持ちその驚異的なスタミナからガソリンタンクの異名を持つ米田哲也、黄金時代に活躍し通算189勝の石井茂雄、日本シリーズでV9巨人相手に5勝の好成績を挙げた通算187勝の足立光宏、三連覇時に3年連続MVPに輝いた史上最高のサブマリン投手山田久志、道産子としてスタルヒン以来の最多勝と最優秀防御率を獲得、昭和最後の20勝投手で44歳まで投げ続けた佐藤義則、私の準故郷北海道旭川市出身で最速130キロの速球、80キロ前後のカーブ、110キロ前後のフォークだけで11年連続二けた勝利を挙げ道産子としてはスタルヒンに次ぐ通算176勝の星野伸之、制球力を武器に最多勝2回、最優秀防御率1回獲得の金子千尋が挙げられますが、梶本、米田、足立、山田、星野を選出しました。特に山田は、12年連続開幕投手を務めるなどアンダースロー投手としては歴代最多となる通算284勝を挙げました。真っ直ぐで打者の懐を攻める強気の投球が特徴でしたが、昭和46年の巨人との日本シリーズ第3戦で王に真っ向勝負でサヨナラ3ランを浴びて以降は伝家の宝刀シンカーを習得し、円熟期を迎え勝利数を重ねました。

救援投手は、日本プロ野球史上最速の球を投げたと言われる山口高志とオリックス連覇時のリリーフエース平井正史の争いですが、伝説の豪速球投手山口を選出しました。プロ野球史上で豪速球と言えば山口の名前が必ず挙がります。

捕手は、黄金時代初期の正捕手岡村浩二、後期の正捕手中沢伸二の争いですが、通算21年阪急一筋で打率3割もマークした中沢を選出しました。

一塁手は、阪急黄金時代に活躍し名球会入りの加藤英司を選出しました。シャープなバッティングで首位打者2回、打点王3回獲得し黄金時代を支えました。意外ですが通算犠牲フライで歴代2位の記録を持っています。

ブレーブス・ブルーウェーブ・バファローズ（阪急・オリックス）

ポジション	名前	打順
先発投手	梶本 隆夫	－
	米田 哲也	
	足立 光宏	
	山田 久志	
	星野 伸之	
救援投手	山口 高志	
捕手	中沢 伸二	8
一塁手	加藤 英司	5
二塁手	マルカーノ	6
三塁手	松永 浩美	7
遊撃手	阪本 敏三	9
外野手	長池 徳士	3
	福本 豊	2
	イチロー	1
指名打者	ブーマー	4
監督	西本 幸雄	－

二塁手は、盗塁王3度のバルボンや連続守備機会無失策836の日本記録樹立の福良淳一も挙げられますが、実績のあるマルカーノを選出しました。強肩巧打として活躍し球団初の日本一に貢献、打点王も獲得しました。

三塁手は日本の野球を変えた男スペンサーやリー

グ四連覇に貢献した島谷金二も挙げられますが、走攻守三拍子揃った松永浩美を選出しました。長打力のあるスイッチヒッターとして1試合で左右打席本塁打を日本人では初めて記録した選手です。

遊撃手は、盗塁王3回獲得の河野旭輝、黄金時代に4年連続ベストナインの阪本敏三の争いですが、黄金時代を支えた阪本を選出しました。

左翼手は、フェンスに登りホームランの打球を好捕しアメリカの野球殿堂入りした山森雅文や阪急後期に活躍し三拍子揃った蓑田浩二、オリックス時代に活躍した満塁男藤井康雄、首位打者を獲得した谷佳知も挙げられますが、阪急黄金時代の四番長池徳士を選出しました。本塁打王と打点王にそれぞれ3回輝き、四番打者を務めた9年間の全てのシーズンで25本塁打以上、うち40本塁打以上を4回を記録した実績があります。

中堅手は、日本球界を代表する盗塁王福本豊、阪急黄金時代をリードオフマンとして牽引し、俊足攻守で盗塁の日本記録を樹立、当時の世界記録を更新しました。また三塁打の日本記録も持ち、安打数も歴代5位です。

右翼手は、言わずと知れたイチロー、オリックス時代には、入団3年目に仰木監督に抜擢され登録名を「イチロー」にしてから芽が出て、平成6年に初の200安打を記録、7年連続首位打者を獲得、リーグ優勝や日本一に貢献しました。メジャーリーグに進んだ後も首位打者、盗塁王、新人王を獲得、10年連続２００安打、シーズン最多安打数の世界記録を樹立、日米通算４０００本安打を達成しました。イチローの凄さは自己の技術向上と高みを目指すストイックさ、ケガの少なさであり、継続的な努力で地道に成功を積み重ねて、その体験を習慣化・ルーティン化する卓越した技術が凄いと思います。それにしてもドラフト４位入団で自分の打撃理論を貫き通す姿勢から、２年間首脳陣からある意味干されていたイチローを、仰木監督がその類い稀なセンスを見抜き抜擢したわけですが、この出会いがなければ、イチローの出現はなかったような気がします。ビジネスの世界でもそうですが、素晴らしい上司との出会いや相性の重要さを教えられます。

指名打者は、三冠王のブーマーと打点王を獲得した石嶺和彦の争いですが、そこはブーマーを選出しました。２００cm、１００kgの巨体からパワーヒッターを想像させますが、打点王４度の勝負強さと柔らかいスイングを持ち味とし、三振の少なさ、打率の高さは特筆に値します。

打順は、一番イチロー、二番福本、三番長池、四番ブーマー、五番加藤、六番マルカーノ、七番松永、八番中沢、九番阪本というラインナップで組みました。

監督は、阪急黄金時代の礎を築いた悲運の名将西本幸雄を選出しました。その情熱で弱小チームを鍛え上げ３球団で８度のリーグ優勝を果たしました。日本一は獲得できませんでしたが球史に残る名監督です。

球団別歴代ベストナイン

千葉ロッテマリーンズ

■4537勝4523敗371分／勝率0・501／優勝5回／日本一4回

千葉ロッテマリーンズは、昭和25年創設の毎日オリオンズが前身で、その後大映と合併して大毎、東京、そしてロッテとなりました。平成4年からは川崎から千葉に本拠地を移し、千葉ロッテマリーンズとなりました。昭和25年の第1回日本シリーズでは、松竹を破って、初の日本シリーズで栄えある日本一となりました。その後10年に一度しかリーグ優勝を遂げられない弱小チームでしたが、特筆されるのが平成22年リーグ3位でクライマックスシリーズに臨み、その後も勝ち続けてパ・リーグを制覇し、日本シリーズも勢いに乗って制覇しました。リーグ3位のチームが初めて日本一となり、史上最大の下剋上と言われました。

マリーンズの歴代ベストナインは次のとおり選出しました。

先発投手は、昭和25年史上初の日本一時のエースで新人王、最多勝利、最優秀防御率のタイトルを獲得した火の玉投手荒巻淳、昭和35年リーグ優勝時のエースで最多勝利、最優秀防御率のタイトルを獲得し通算１８４勝の小野正一、昭和45年のリーグ優勝に貢献し３年連続20勝を挙げ最多勝利のタイトルを２回獲得した成田文男、こちらも同様に昭和45年のリーグ優勝に貢献し最多勝利と最優秀防御率のタイトルを獲得した木樽正明、大きく落ちるフォークボールを武器にロッテ一筋で２００勝を挙げたマサカリ投法村田兆治、当時史上最速の１５８キロを記録した平成の剛速球王でメジャーリーグでも活躍した伊良部秀輝、最多勝を獲得し魂のエースと呼ばれたジョニーこと黒木知宏、最優秀防御率も獲得した猫招き投法成瀬善久が挙げられますが、荒巻、小野、成田、村田、伊良部を選出しました。特に村田は、昭和58年、スポーツ医学の権威であるフランク・ジョーブ博士の執刀の下、左腕の腱を右肘に移植する手術（トミー・ジョン手術）を受けました。昭和60年にはプロ野球記録となる開幕から11連戦11連勝を挙げるという鮮烈な奇跡の復活劇を見せてカムバック賞を受賞しました。その当時、日本球界では投手の肘にメスを入れることはタブーとされていましたが、村田の復活によって有効な治療法として認識されることになりました。

救援投手は、登板の度にピンチを背負い、味方ファンをハラハラさせながらも最終的には抑える幕張の防波堤小林雅英を選出しました。

捕手は、21世紀に二度の日本一に貢献した里崎智也を選出しました。長打力もあり、ＷＢＣ等国際舞台でも活躍しました。

一塁手は、１０００本安打・２０００本安打の最年少記録を保持し2度の首位打者を獲得しミサイル打線の三番を務め優勝に貢献した昭和の安打製造機榎本喜八や地味ながら首位打者を獲り２０００本安打も達成した福浦和也も挙げられますが、やはり三冠王落合博満を選出しました。史上最高の右打者と言って過言ではなく、神主打法、広角打法と言われ、独特で芸術的な打撃スタイルは他の追随を許さないものでした。また、オレ流と言われた練習方法や卓越した配球の読みと選球眼、そして年俸闘争などは賛否両論ありますが、有言実行で実績を残し野球選手の年俸底上げに貢献しました。ロッテ時代は優勝に恵まれませんでしたが、現役晩年は優勝請負人として勝負強さを発揮しました。首位打者、本塁打王、打点王それぞれ5回獲得、そして3度の三冠王は後にも先にも落合だけであり偉大な記録です。

二塁手は、入団時に当時では史上最高額の５０００万円と言われる契約金で話題となり２０００本安打を達成した山崎裕之、盗塁王４回の西村徳文、ロッテ一筋23年でシュアな打撃が持ち味の堀幸一の争いとなりましたが、首位打者も獲得し走攻守揃った西村を選出しました。

三塁手は、通算1745安打で昭和35年のリーグ優勝に貢献した葛城隆雄、打点王を獲った初芝清、日本シリーズで2度のＭＶＰ今江敏晃も挙げられますが、ミスターロッテこと有藤通世を選出しました。入団してすぐにレギュラーとなり新人王獲得、首位打者も獲得し日本一やリーグ優勝にも貢献しています。引退後は、監督も務め、まさにミスターロッテに相応しいと思います。

遊撃手は、抜群の守備力から小坂ゾーンと称された平成の牛若丸小坂誠も挙げられますが、首位打者と2度の盗塁王を獲得し日本一にも貢献、メジャーリーグにも行った西岡剛を選出しました。

オリオンズ・マリーンズ
（毎日・大映・ロッテ）

ポジション	名　前	打順
先発投手	荒巻 淳	―
	小野 正一	
	成田 文男	
	村田 兆治	
	伊良部 秀輝	
救援投手	小林 雅英	
捕　手	里崎 智也	8
一塁手	落合 博満	4
二塁手	西村 徳文	9
三塁手	有藤 通世	7
遊撃手	西岡 剛	2
外野手	山内 一弘	5
	別当 薫	6
	角中 勝也	1
指名打者	リー	3
監　督	バレンタイン	―

左翼手は、オールスター男、シュート打ちの名人、打撃の職人と言われた山内一弘、大毎ミサイル打線の四番を務め、首位打者、本塁打王、打点王を獲得、野村に抜かれるまで本塁打、打点の日本記録を保持していました。

中堅手は、道産子として若松に次いで首位打者を獲得し「10・19」の同点ホームランが印象的な高沢秀昭も挙げられますが、プロ野球史上初の3割・30本・30盗塁を記録し昭和25年に本塁打王と打点王を獲得して史上初の日本一時のMVP別当薫を選出しました。

右翼手は、昭和49年の日本一時のシリーズMVP弘田澄男も挙げられますが、コンパクトな構えからの巧みなバットコントロールが際立つ巧打者で首位打者を2度獲得した角中勝也を選出しました。

指名打者は、首位打者、本塁打王、打点王を獲り、3000打席以上の通算打率1位のリーを選出しました。

打順は、一番角中、二番西岡、三番リー、四番落合、五番山内、六番別当、七番有藤、八番里崎、九番西村というラインナップで組みました。

監督は、平成17年にリーグ優勝と日本一を果たし、監督として日米通算1600勝を果たしたバレンタインを選出しました。

球団別歴代ベストナイン

北海道日本ハムファイターズ

■4600勝4954敗354分／勝率0・481／優勝7回／日本一3回

北海道日本ハムファイターズは、前身が戦後間もない昭和20年11月発足の東京セネタースです。その後東急、東映、日拓と球団名が変わり、現在の日本ハムに至りました。日本ハムは前身球団から弱小で、下位を低迷していましたが、昭和37年パ・リーグ初制覇し、勢いに乗り日本一になります。その後も昭和56年リーグ制覇をしたものの、低迷期間は続きます。流れが変わったのは21世紀に入り平成16年北海道にフランチャイズを変えてからです。平成18年には北海道移転後の初優勝、日本一を遂げ、それを含めて5度のリーグ優勝と日本一2回に輝きました。私が子供の頃の北海道は、プロ野球中継と言えば巨人戦は全試合中継されていましたが、パ・リーグの試合は年間数試合しか中継がありませんでした。個人的な余談ですが、プロ野球中継と言えば1980年代CMに行く際に流れていた「♪エキサイティングリーグ・パ！」「♪オー、グレートセントラル！」のキャッチコピーが懐かしいです。また巨人戦以外はラジオ中継でよく聞きましたが、ショウアップナイターの深沢弘アナウンサーの名調子と完全なホームランも「あるいはホームランか？」と疑問型にする実況には興奮させられました。そしてショウアップナイターのホームランジングルが好きでした。話は戻りますが、毎年7月には札幌円山球場で巨人戦3連戦が開催され、旭川スタルヒン球場で巨人VS中日が1試合だけ開催されたことがあり、私も留萌の田舎から学校を休んで観戦に行ったこともあります。よって、北海道は圧倒的にジャイアンツファンが多く、ファイターズが根付くか大変心配でしたが、球団の弛まぬ営業努力の賜物とファンの後押しがあり北海道にファイターズが根付いたのは道産子として本当に嬉しい限りです。

ファイターズの歴代ベストナインは次のとおり選出しました。

先発投手は、軟式野球から硬式野球に転向した異色の経歴で9連続奪三振の日本タイ記録を持つ江戸っ子投法土橋正幸、高校中退して17歳でプロ入りし160キロ超とも言われた豪速球で優勝に貢献した怪童尾崎行雄、抜群の制球力が武器のアンダースロー高橋直樹、新人で投手三冠タイトルを独占し史上初めて新人選手でMVPも受賞した木田勇、長身で脚長のスリムな体型と甘いマスクのルックスの良さでトレンディエースと呼ばれた西崎幸広、豊富な球種とメジャーリーグでも最高峰の評価であるスライダーや平均球速150キロほどの速球が武器で投手として完璧と言って過言ではない資質を備えたダルビッシュ有、近代野球では想像できなかった投手と打者を両立する二刀流で日本プロ野球史上最速の165キロを実現した大谷翔平が挙げられますが、土橋、尾崎、西崎、ダルビッシュ、大谷を選出しました。特に大谷は日本人史上最速165キロを投げて、かつ数々のホームランを放つこと自体がプロ野球史上最高と言って過言ではない才能の持ち主です。二刀流へのチャレンジに見られる精神的な強さを兼ね備え、史上初の「二桁勝利・100安打・20本塁打」を達成しました。

フライヤーズ・ファイターズ
（東急・東映・日拓ホーム・日本ハム）

ポジション	名前	打順
先発投手	土橋 正幸	—
	尾崎 行雄	
	西崎 幸広	
	ダルビッシュ有	
	大谷 翔平	
救援投手	江夏 豊	
捕手	田村 藤夫	9
一塁手	大杉 勝男	4
二塁手	田中 賢介	2
三塁手	小笠原 道大	5
遊撃手	田中 幸雄	8
外野手	張本 勲	3
	島田 誠	1
	稲葉 篤紀	7
指名打者	大谷 翔平	6
監督	栗山 英樹	—

そして、その才能もさることながら、誠実、正直、冷静なイメージの人格者であり、ストイックに野球に取り組む姿勢とチャレンジスピリットにはただただ頭が下がります。

救援投手は、文句なしに江夏豊、リリーフ投手はピンチに登場して火消しをするのが本来の役割であり、先発投手が7・8回あたりでピンチになった時に登場しビシッと抑える江夏の姿はまさに救援投手の鏡です。昭和56年は最多セーブで優勝に貢献し、史上初の両リーグMVPを獲得、優勝請負人の名を欲しいままにしました。

捕手は、リーグ優勝経験者の大宮龍男や高橋信二も挙げられますが、打撃成績で田村藤夫を選出しました。

一塁手は、打点王2度獲得の現役の中田翔も挙げられますが、「月に向かって打て」の指導を受け、本塁打王、打点王に輝き名球会入りした大杉勝男を選出しました。史上初の両リーグ1000安打と1000試合出場を達成、両リーグ200本塁打の記録もあと1本まで迫りました。

二塁手は、隠し玉の達人大下剛や最高出塁率とカムバック賞を受賞した白井一幸も挙げられますが、優勝経験とメジャーリーグにも行った田中賢介を選出しました。選球眼に優れ、8打席に1個近い確率で四球を選べる巧打者です。

三塁手は、ボンバーの愛称古屋英夫やPL学園春夏連覇の四番でプロ入り後はビックバン打線の三番打者を担った片岡篤志も挙げられますが、片岡の後にビックバン打線の3番打者を担ったフルスイングのガッツ小笠原道大を選出しました。打撃三冠のタイトルすべてを獲得し、北海道移転後、初のリーグ優勝時のMVPにもなり後に名球会入りも果たしました。

遊撃手は、日本ハム一筋実働20年の金子誠も挙げられますが、打点王タイトルと名球会入りの実績で田中幸雄を選出しました。派手さはないですが真面目な選手で日本ハム一筋でミスターファイターズと呼ばれました。

左翼手は、文句なしで３０００本安打の日本記録を持ち安打製造機として7度の首位打者を獲得した張本勲を選出しました。唯一の５００本塁打３００盗塁達成者、さらに史上最多の16度のシーズン打率３割、史上最長の9年連続打率３割の記録保持者です。

中堅手は、愛称チャボのリードオフマン島田誠や史上初の6年連続打率3割・20盗塁・ゴールデングラブ賞受賞を成し遂げている糸井嘉男が挙げられますが、島田を選出しました。長く日本ハムの一番・中堅手としてレギュラーの座にあり、チームの切り込み隊長としてチームを優勝に導きました。

右翼手は名球会入りまであと23本安打であった東映一筋の毒島章一と稲葉篤紀の争いですが、稲葉を選出しました。稲葉は北海道移転後の日本ハムの優勝と日本一に大いに貢献しました。首位打者を獲得し名球会入りも果たしました。

指名打者は、昭和56年に本塁打王と打点王を獲得し優勝に貢献したサモアの怪人ソレイタも挙げられますが、ここは大谷翔平を選出しました。天性の長距離砲であり、メジャーリーグデビューの年に日本人最多の22本のホームランを記録し新人王を獲得したことは日本人として誇りです。令和という新時代を迎え、日本人初のメジャーリーグでのサイクルヒットという偉業を成し遂げ、大谷はすべてにおいてスケールの大きさを感じさせます。

打順は、一番島田、二番田中、三番張本、四番大杉、五番小笠原、六番大谷、七番稲葉、八番田村、九番田中というラインナップで組みました。

監督は、2回の優勝と日本一を果たし、二刀流を認め大谷翔平を育てた栗山英樹を選出しました。

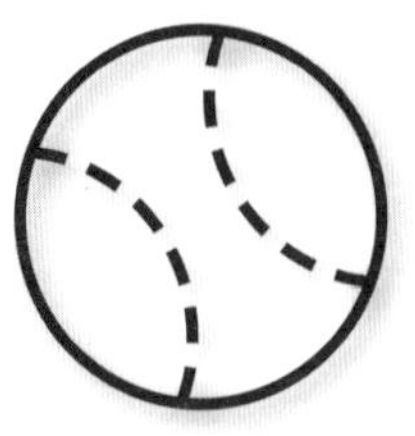

球団別歴代ベストナイン

近鉄バファローズ

■3261勝 3720敗 271分／勝率0・467／優勝4回／日本一0回

東北楽天ゴールデンイーグルス

■960勝1129敗50分／勝率0・460／優勝1回／日本一1回

※近鉄球団と楽天球団は別球団ではありますが、近鉄球団は2004年に消滅、入れ替わりで2005年から楽天球団が新たに加わったため、連続性の観点からこの2つの球団を合わせてベストナインを選出しております。

近鉄バファローズは、昭和25年に大阪を本拠地に発足した球団で、平成16年まで存続し、平成17年オリックスに合併する形で消滅しました。近鉄は発足して長く低迷が続いていましたが、昭和54年に西本幸雄監督により初優勝を遂げ、以後3度のリーグ優勝をしています。また、昭和63年には私が見た中で公式戦では最高のドラマ、最終戦ダブルヘッダーで優勝を逃した名勝負・名場面「10・19」を演じました。日本シリーズでは、昭和54年、平成元年と先に王手をとりながら、日本一に届きませんでした。長く球団を続けたチームでは、唯一日本一になれない球団のまま消滅してしまいました。

東北楽天ゴールデンイーグルスは、近鉄消滅と入れ替えに平成17年に創設された新しい球団です。この球団が創設するまで球界では、1リーグ制に戻す動きがあり二転三転しましたが、かろうじて楽天の参加によって2リーグ制は保たれました。そして、プロ野球未開の地、東北の仙台に本拠地を置きました。創設当時はしばらく最下位を続けましたが、野村監督の下では2位まで上昇し、その後仙台が東日本大震災に見舞われた中、遂に平成25年に星野監督の下で田中将大の大活躍もあり優勝、日本一となり、被災者の方々に希望と勇気を与えました。

バファローズとゴールデンイーグルスの歴代ベストナインは次のとおり選出しました。

先発投手は、近鉄の弱小時代から強い時代まで近鉄一筋でエースとして活躍し背番号1が永久欠番にもなった300勝投手の草魂鈴木啓示、新人から4年連続二けた勝利で平成元年には最多勝で優勝に貢献した阿波野秀幸、平成2年に独特のトルネード投法で鮮烈なデビューを果たし、新人で最多勝、最優秀防御率、最多奪三振など投手タイトルを総なめしたドクターK野茂英雄、最多勝を獲得したパウエル、高い制球力と安定性を武器に最多勝利2回、最優秀防御率も獲得し日米通算170勝の岩隈久志、24勝無敗の驚異的な記録でタイトルを総ナメ、球団史上初優勝と日本一に貢献したマー君こと田中将大、野茂を超える連続試合2桁奪三振記録8試合の保持者則本昂大が挙げられますが、鈴木、野茂、岩隈、田中、則本を選出しました。特に野茂は新人から4年連続最多勝を獲得、その現状に満足することなく、平成7年に当時では考えられないメジャーリーグ挑戦を任意引退という形で球団と交渉して実現させました。日本人メジャーリーガーのパイオニアであり、新人でメジャーリーグオールスターに先発、全米にノモフィーバーを巻き起こしました。その後ノーヒットノーランも2度達成し、日米通算201勝、特にアメリカで123勝を挙げ未だ日本人最多です。引退後は自らNPO法人を立ち上げて野球の普及に努めていることには敬意を表します。

バファローズ・ゴールデンイーグルス（近鉄・楽天）

ポジション	名前	打順
先発投手	鈴木 啓示	—
	野茂 英雄	
	岩隈 久志	
	田中 将大	
	則本 昂大	
救援投手	松井 裕樹	
捕手	梨田 昌孝	8
一塁手	石井 浩郎	7
二塁手	大石 大二郎	2
三塁手	中村 紀洋	4
遊撃手	小玉 明利	9
外野手	ローズ	1
	土井 正博	6
	ブライアント	5
指名打者	マニエル	3
監督	仰木 彬	—

救援投手は、平成元年リーグ優勝時のリリーフエース吉井理人、最優秀救援投手5度獲得の赤堀元之、日米176セーブの大塚晶則も挙げられますが、150キロ超えの速球と消えるスライダーを駆使し、入団2年目から3年連続30セーブを達成し最多セーブも獲得した松井裕樹を選出しました。

捕手は、近鉄二連覇を牽引し巧みなリードとこんにゃく打法が特徴で強肩の梨田昌孝と大震災後の名文句で東北の人々を元気づけた嶋基弘の争いですが、2度の優勝に貢献した梨田を選出しました。

一塁手は、近鉄二連覇時の中軸打者羽田耕一や東尾のデッドボールでの乱闘が有名なデービスも挙げられますが、1990年代の近鉄で四番打者として活躍し打点王を獲得した石井浩郎を選出しました。

二塁手は、首位打者を獲得したブルームと盗塁王大石大二郎の争いになりましたが、近鉄一筋にリードオフマンとして活躍した大石を選出しました。昭和59年江川のオールスター9連続奪三振を阻んだシーンが印象的です。

三塁手は、楽天の外国人フェルナンデスや平成25年の日本一時に三番打者でして安打を量産し優勝に貢献した銀次も挙げられますが、近鉄いてまえ打線の四番として本塁打王、打点王を獲得した中村紀洋を選出しました。1990年代後半から2000年代前半のローズとのクリンナップは破壊力がありました。

遊撃手は、近鉄二連覇のレギュラー石渡茂や長打力があり勝負強い村上隆行も挙げられますが、１９５０年代と１９６０年代に中心打者と活躍した小玉明利を選出しました。この時代に１９００本安打は立派です。

左翼手は、１９７０年代後半から１９８０年代前半に中心打者として活躍し悲願のリーグ優勝に貢献した栗橋茂や中日から楽天に移籍後力を発揮し平成21年には首位打者に輝いた鉄平も挙げられますが、本塁打王、打点王、ＭＶＰを獲得し王のシーズン55本塁打に並んだローズを選出しました。チャンスにも強い打撃が魅力的でした。

中堅手は、地味ですがしぶといバッティングで首位打者を獲得、名球会入りの新井宏昌も挙げられますが、１９６０年代から１９７０年代にかけて四番打者として活躍した近鉄を代表する強打者で通算４６５本塁打の土井正博を選出しました。

右翼手は、ホームランしか狙っていないような物凄いフルスイングで誰も当てられないと言われた東京ドームの天井スピーカーに打球を当てたブライアントを選出。本塁打王、打点王を獲得し、平成元年のリーグ優勝に貢献しました。

指名打者は、文句なしに二連覇時に2度の本塁打王と打点王を獲り、優勝に貢献した赤鬼マニエルを選出しました。

打順は、一番ローズ、二番大石、三番マニエル、四番中村、五番ブライアント、六番土井、七番石井、八番梨田、九番小玉というラインナップで組みました。

監督は、平成元年にリーグ優勝を果たし、監督として野茂・イチローを育て仰木マジックと呼ばれた仰木彬を選出しました。親分肌で選手の個性を重んじたマネジメントスタイルは理想の上司の鑑と言えます。

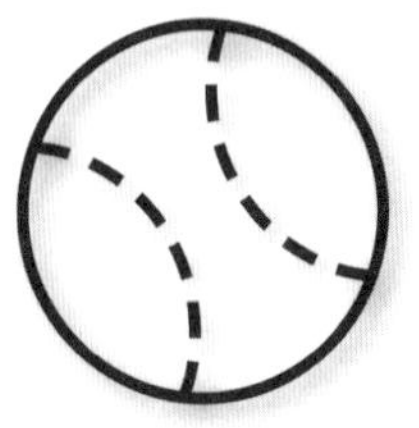

コラム②

野球は左利きが有利？

左投手は、左打者が多い打線や左の強打者へのワンポイントリリーフに使われるなど野球の世界では重宝される傾向にあります。私が昔から不思議に思っていたのは、それは右投手VS右打者も同様ではないか？　なぜ左打者は左投手が苦手なのだろうか？　ということでした。

文献「野球における左投手の優位性に関する考察」福地悠太氏によると、『投手と打者の左右の組み合わせによる被安打率をみると左投手は左打者に強く、右投手は右打者に強いという結果が得られた。また、対右打者では右投手の方が被安打率は低く、対左打者では左投手の方が被安打率は低くなった。このことから、左投手は対左打者という点において右投手よりも有利であると考えられる。ただし、対右打者においては右投手が有利であることから、左投手が右投手よりも全てにおいて有利であるとは結論づけられないことが示された。左投手が対左打者において右投手よりも被安打率が低かったことと、投手よりも打者の方が左の割合が多かったことを併せて考察すると、左投手が活躍しやすい環境要因が存在する可能性があることが示された。』

確かに次の表を見ると、右投手は、右打者に対するより左打者に対して0・013も打率

2005～2009シーズン左右投打組み合わせごとの被安打率

	左投手	右投手
左打者	.262	.271
右打者	.266	.258

が高い（打たれている）結果となっています。ただ、最も打率が低いのは右投手VS右打者ですね。でも右利きは日本人に多いので、右打者が多い打線には右ピッチャーをぶつけるとか、右のワンポイントリリーフという作戦にはならないのだと思います。そして日本には多い右投手は左打者を苦手とする傾向が強いため、これを克服するために左投手は重宝されるようです。事実、左投手は左打者に対し右投手に比べ０・００９打率が低い結果となっています。あと、左投手の圧倒的に有利な点として、ノーアウトでヒットやフォアボールでランナーを出しても、一塁ランナーが真正面に見えるので牽制しやすく、ノーアウトランナー一塁の時の心理的な負担は右投手に比べてかなり軽いことが挙げられます。

よって、やはり左投手は有利だということを改めて確認できました。

次に、左打者は以下のような理由で右打者より有利な点が多いと言われています。

▼一塁に1歩分右打者より近く、腰の回転と走り出す方向が同じで内野安打が多い

▼右投手が多い中で右打者よりは概して打ちやすい

それでは、左打者はデータ上でも本当に有利と言えるのでしょうか？

「左バッターを科学する」ベースボールマガジン社によると、日本プロ野球選手の右バッターと左バッターを比較したデータ掲載されています。

▼シーズン打率歴代トップ10のうち、９名は左打者
▼５０００打数以上での生涯打率で3割以上は16名、左打者は10名
▼左打者と右打者の打席数に対する内野安打率は、右バッター全体で1.5〜1.7％に対して、左バッターは2.4〜2.6％と高い
▼右投手に対する対戦成績は、左バッターのほうが平均して1〜2分くらい高い
▼スイッチヒッターの内野ゴロに対する内野安打率は左打席の方が軒並み高い
などなど、左バッターが有利であることを裏付けるデータが満載です。

一方で、ホームランにおいてだけは、左打者が有利とは言えないようです。

１９８８〜２０１９年までのセ・リーグでホームラン王を獲得した左打者は、ハウエル、大豊泰昭、松井秀喜、ペタジーニ、ローズ、筒香嘉智のわずか6名です。

また、２０１９年終了時点で、通算ホームラン数４００本以上の20人のうち、左バッターは王貞治、門田博光、松井秀喜、張本勲、金本知憲、ローズ、阿部慎之助の7名ですが、王貞治、門田博光、張本勲、ローズの４選手は、左投げ左打ちで、生まれた時から左利きです。その他13人は右バッターでありすべて右利きです。これを見ると、長打を打つための力強さは、「作られた」左バッターには超えられないものがあると言えます。

よって、長打を除くと、やはり左打者は有利だということを改めて確認できました。

パ・リーグとセ・リーグ各球団の歴代ベストナイン

パ・リーグの歴代ベストナイン

ここで改めてパ・リーグとセ・リーグ各球団のベストナインを並べてみます。そして、パ・リーグとセ・リーグのベストナインを網掛けのとおり選出しました（95頁パ・リーグ一覧表・105頁セ・リーグ一覧表を参照）。

まずはパ・リーグのベストナインです。

昔から、「人気のセ 実力のパ」と言われてきましたが、近年の結果からもパ・リーグはその真価を発揮しています。２０００年以降の日本シリーズ制覇はパ：14回 セ：6回、今年まで7年連続でパ・リーグの球団が日本シリーズを制覇しています。平成17年に始まった交流戦では、通算勝利数でパ：１１０２勝 セ：９６６勝、優勝回数でパ：12回 セ：３回、各シーズンのリーグ別勝敗数ではパ：14回 セ：１回の勝ち越しと圧倒的にパ・リーグ優勢となっています。

野茂をはじめ、イチロー、松坂、ダルビッシュ、田中、大谷とメジャーリーグで大活躍する選手も圧倒的にパ・リーグが多くなっています。その要因は、選手の個性を尊重する各球団の風土、指名打者制による投打の豪快さ、近年はソフトバンクに代表される野球のＩＴ化がセに比べ進んでいることが挙げられます。今回のベストナインも「実力のパ」に相応しい個性的な実力派が揃いました。

パ・リーグの先発投手も30名からの選出は大変迷いましたが、独断と偏見で選出しました。まずはメジャーリーガーのパイオニア野茂英雄です。とにかく今では当たり前になっているメジャーリーグ挑戦を実現し、メジャーリーグへの道を切り拓いたその勇気にはただただ頭が下がります。日本プロ野球で活躍していた現状に満足せず、当時では想像もつかなかった任意引退でのメジャーリーグ挑戦には驚愕しかありませんでした。そして1年目で奪三振王、新人王という予想を超えた結果を残した姿には、ドジャーブルーをまとった姿と相まって清々しさを超え神々しささえありました。もちろん日本でも新人から4年連続最多勝など突出した結果を残したことから、異論はないと思います。

次に鉄腕稲尾和久です。3年連続日本一に貢献し、連投・多投の中でチームの勝利を優先しながら好成績を挙げました。昭和33年の三原VS水原による巌流島の決戦と言われた巨人との日本シリーズでは3連敗から稲尾が4連投4連勝で制覇し、「神様、仏様、稲尾様」との言葉が生まれました。プロ入りから8年連続で20勝以上を挙げ、この8年間の平均登板数は66試合、平均の投球回数は345イニングで、個人成績よりチームの勝利のために身を削って投げ続けた姿は、野球というチームスポーツの中で、その勝利のためのプレーを実践したことの表れであり、投手としての鏡です。

3人目に田中将大、負けない投手、ここ一番の勝負強さは天下一品です。その象徴が平成25年のシーズン、開幕からのシーズン24連勝に前年からの28連勝と、これにポストシーズンの2勝を含めた30連勝の3つがギネス世界記録として認定されました。

4人目は、平成の怪物松坂大輔、甲子園で春夏連覇、高卒1年目で最多勝の鮮烈デビュー、WBCで2度のMVP、メジャー移籍後のワールドシリーズ制覇など数々の伝説を作りました。ここ一番の大舞台で結果を残す抜群の勝負強さがあります。

5人目にダルビッシュ有、身体にも恵まれ投手としての潜在能力の高さは歴代随一、多彩な変化球を有し、特にメジャーの打者からは「速いスライダーは視界から消えてしまう。ボールの縫い目すらよく見えないくらいだ」と絶賛の評価をされています。

先発投手でこの5名に次ぐのは、巨人相手に日本シリーズ4連投4連勝を挙げた史上最強のアンダースロー杉浦忠、3チームを日本一に導きシリーズ通算最多奪三振記録を保持する優勝請負人工藤公康、3年連続MVPに輝いた史上最高のサブマリン山田久志、158キロの快速球と抜群の制球力で死角のないオリエンタル・エクスプレス郭泰源、日本人史上最速165キロを記録した二刀流大谷翔平を挙げたいと思います。

救援投手は、リリーフ投手の草分け江夏豊を選出しました。リリーフ投手としての江夏の凄いところは先発投手が疲れてきてピンチに陥った時に颯爽と登場して切り抜けてしまうことです。7回のピンチで出てきて抑えてしまう江夏の姿は本当にカッコ良かったです。

捕手は、文句なしに生涯一捕手野村克也を選出しました。戦後初の三冠王かつ世界のプロ野球史上初の捕手の三冠王です。捕手という負担の大きいポジションで歴代選手2位の出場数3017試合を記録し、選手兼任監督まで務めており、通算打席数11970打席と通算打数10472打数も歴代1位の記録です。

一塁手は、史上唯一3度の三冠王落合博満を選出しました。選球眼の良さは史上No.1と言って過言ではありません。リーグ最多四球を昭和59年から平成3年の8年連続含め通算9回記録、通算1475四球は王に次いで歴代2位、右打者では歴代1位です。3桁の三振を記録したシーズンは一度もなく、通算打率0・311に対して通算得点圏打率0・334と勝負強さも発揮しました。

二塁手は、俊足で長打力がある元メジャーリーガー井口資仁と二塁手として歴代最多の8度のゴールデングラブ賞受賞の辻発彦で迷いましたが、名手辻を選出しました。西武黄金時代において鉄壁のディフェンスを支えた象徴的選手です。俊足で首位打者も1度獲得しました。

三塁手は、怪童中西太を選出しました。本塁打王5回（4年連続含む）、首位打者2回、打点王3回の打撃タイトルを誇ります。特筆すべきは、これらのタイトルを高卒から入団7

網掛けの選手をパ・リーグベストナインに選出

オリオンズ・マリーンズ（毎日・大映・ロッテ）		フライヤーズ・ファイターズ（東急・東映・日拓ホーム・日本ハム）		バファローズ・ゴールデンイーグルス（近鉄・楽天）	
名前	打順	名前	打順	名前	打順
荒巻 淳	―	土橋 正幸	―	鈴木 啓示	―
小野 正一		尾崎 行雄		野茂 英雄	
成田 文男		西崎 幸広		岩隈 久志	
村田 兆治		ダルビッシュ有		田中 将大	
伊良部 秀輝		大谷 翔平		則本 昂大	
小林 雅英		江夏 豊		松井 裕樹	
里崎 智也	8	田村 藤夫	8	梨田 昌孝	8
落合 博満	4	大杉 勝男	4	石井 浩郎	7
西村 徳文	9	田中 賢介	2	大石 大二郎	2
有藤 通世	7	小笠原 道大	5	中村 紀洋	4
西岡 剛	2	田中 幸雄	9	小玉 明利	9
山内 一弘	5	張本 勲	3	ローズ	1
別当 薫	6	島田 誠	1	土井 正博	6
角中 勝也	1	稲葉 篤紀	7	ブライアント	5
リー	3	大谷 翔平	6	マニエル	3
バレンタイン	―	栗山 英樹	―	仰木 彬	―

パ・リーグ各球団の歴代ベストナイン

	ライオンズ（西鉄・太平洋クラブ・クラウンライター・西武）		ホークス（南海・ダイエー・ソフトバンク）		ブレーブス・ブルーウェーブ・バファローズ（阪急・オリックス）	
ポジション	名前	打順	名前	打順	名前	打順
先発投手	稲尾 和久	—	皆川 睦夫	—	梶本 隆夫	—
	東尾 修		杉浦 忠		米田 哲也	
	工藤 公康		斉藤 和巳		足立 光宏	
	郭 泰源		杉内 俊哉		山田 久志	
	松坂 大輔		和田 毅		星野 伸之	
救援投手	潮崎 哲也		馬原 孝浩		山口 高志	
捕手	伊東 勤	8	野村 克也	4	中沢 伸二	8
一塁手	清原 和博	5	松中 信彦	3	加藤 英司	5
二塁手	辻 発彦	9	井口 資仁	8	マルカーノ	6
三塁手	中西 太	3	小久 保裕紀	7	松永 浩美	7
遊撃手	松井 稼頭央	1	木塚 忠助	9	阪本 敏三	9
外野手	大下 弘	4	内川 聖一	6	長池 徳士	3
	秋山 翔吾	2	柳田 悠岐	1	福本 豊	2
	秋山 幸二	6	広瀬 淑功	2	イチロー	1
指名打者	デストラーデ	7	門田 博光	5	ブーマー	4
監督	三原 脩	—	鶴岡 一人	—	西本 幸雄	—

年目までに獲得していることです。三冠王4回は、すべてが僅差で1部門がリーグ2位、戦後初の三冠王は中西が獲ってもおかしくなかった総合力の高い打者でした。

遊撃手は、歴代最高のスイッチヒッターと称される松井稼頭央を選出しました。全身バネとも称される高い身体能力を持ち、プレースタイルの美しさ、パフォーマンスの高さでファンを魅了、メジャーリーグでも活躍した素晴らしい選手です。

外野手は、基本的に全員が複数ポジションを守ることが可能なことを前提にポジションに拘らず選出しました。

左翼手は、3000本安打の張本勲、水平に振り抜く独特の打法から、右へ左へと自在にボールを打ち分けました。広角打法、スプレー打法と言われ、打撃面においては歴代屈指の成績を残しました。猛打賞も歴代1位の251回を記録しています。

中堅手は、日米4000安打のイチロー、日米で安打製造機ぶりを発揮し、特にメジャーリーグでは10年連続200安打を記録、メジャー記録の262安打も達成しました。守備・走塁・強肩も超一級品で選出に誰も異論はないと思います。

右翼手は、青バットの天才大下弘、戦後のプロ野球に彗星のごとく現れ、空に虹をかけるような滞空時間の長いホームランを放ち、ホームランブームを巻き起こしました。卓越した野球眼を持つ知将三原は、「日本の打撃人を5名選ぶとすれば川上、大下、中西、長嶋、王。

3名とすれば大下、中西、長嶋。そしてたった1名とすれば大下」と言いました。

外野手でこの3名に次ぐのは、運動能力抜群の長距離砲秋山幸二、こちらも三拍子揃った豪快スイングの柳田悠岐、世界の盗塁王福本豊を挙げたいと思います。

指名打者制は、誰を選出してもおかしくない顔ぶれです。私自身の子供の頃からの印象はDHと言えば門田博光です。大谷翔平とどちらを選ぶか迷いましたが、ここは大谷を選出しました。メジャールーキーイヤーにおいて二刀流で、日本人打者としての新人最高記録を樹立した22本のホームランは伝説だと思います。ピッチャーでも日本人最速の165キロを記録、投打の両方が超一流の二刀流であることも踏まえると文句なしの選出と思います。

監督は、レジェンドが揃い迷いました。知将三原脩、親分鶴岡一人、悲運の名将西本幸雄のレジェンド監督と野茂とイチローを育成した仰木彬の4名から選出するのは難儀ですが、セ・パ3球団を優勝に導き、うち2球団を日本一に導いた魔術師三原を選出しました。

打順は、一番は日米で首位打者9度のイチロー、二番は盗塁王3度の松井、三番は本塁打と首位打者各3度の大下、四番は三冠王3度の落合、五番は二冠王4度の中西、六番はメジャールーキーイヤーに22本塁打の大谷、七番は首位打者7度の張本、八番は本塁打王9度の野村、九番は首位打者1度の辻というラインナップで組みました。長距離砲と安打製造機が勢揃いし、そして俊足巧打もいる超強力打線となりました。

プロ野球選手はB型で末っ子でないと大成できない？

日本の中で一番多い血液型はA型で、全体の約40％と言われています。その他はO型（約30％）・B型（約20％）・AB型（約10％）の順になっています。プロ野球選手で、単純にどの血液型が一番多いのかを検証するのは非常に難しいのですが、「名球会」に入られている名選手の血液型の比率は概ね以下のとおりになっていると言います。

O型…50％程度
B型…30％程度
A型…15％程度
AB型…5％程度

O型とB型で80％を占めるわけですが、特にその中でもB型は錚々たる方々が顔を揃えます。

B型の野球選手

長嶋茂雄　野茂英雄　稲尾和久　古田敦也　イチロー
金田正一　大谷翔平　中西　太　野村克也　張本　勲

山本浩二　若松　勉　田淵幸一　福本　豊　掛布雅之
清原和博　松中信彦　上原浩治　福留孝介　内川聖一

著名なB型の野球以外のスポーツ選手

大　鵬　若乃花（初代、三代目）
青木　功　尾崎将司　岡本綾子　丸山茂樹　宮里　藍
松山英樹　伊達公子　北島康介　野村忠宏　谷　亮子
福原　愛　伊調　馨　伊藤みどり　浅田真央　羽生結弦

などやはり錚々たる顔ぶれのB型有名選手がたくさんいます。

こう見てくると、野球はピッチャーとバッターの1対1の対決の積み重ねが競技となっており、ある意味個人競技の積み重ねと言えますし、相撲、ゴルフ、テニス、水泳、柔道、卓球、レスリング、フィギュアスケートは個人競技です。野球やゴルフは試合時間は長いですが、実際にプレーしている時間は短く、ここぞという時の集中力がモノを言うスポーツです。特にその中でも短時間で集中型のスポーツが多い特徴があります。

また、プロ野球選手は圧倒的に末っ子が多いというデータがあります。

プロ野球選手で兄弟構成が分かった人約300人を調査したところ、実に49％が末っ子という恐るべき結果が出たそうです。

末っ子の野球選手

長嶋茂雄　王　貞治　江夏　豊　稲尾和久　イチロー

松井秀喜　野村克也　張本 勲　山本浩二　山田久志
落合博満　大谷翔平　星野仙一　金本知憲　黒田博樹
上原浩治　菅野智之

著名な末っ子の野球以外のスポーツ選手
貴乃花（初代、二代目）　白 鵬
三浦知良　中山雅史　中田英寿　中村俊輔　本田圭佑
伊達公子　錦織 圭　大坂なおみ　青木 功　岡本綾子
丸山茂樹　宮里 藍　松山英樹　野村忠宏　谷 亮子
有森裕子　高橋尚子　福原 愛　高梨沙羅　吉田沙保里
伊調 馨　岡崎朋美　小平奈緒　高木美帆　浅田真央
羽生結弦
などやはり錚々たる顔ぶれの末っ子有名選手がたくさんいます。

なぜ、アスリートに末っ子が多いのでしょうか？

様々な理由はあると思いますが、下の子には自由で伸び伸びとプレッシャーをかけずに育てる親の育成にあると思われます。また、お兄ちゃんやお姉ちゃんの影響で早い段階からそのスポーツを始め、高いレベルの練習をすること、そして、小さなころから全力でお兄ちゃんやお姉ちゃんを追いかけていることが、スポーツの能力に繋がっているのではないでしょうか。

セ・リーグとパ・リーグ各球団の歴代ベストナイン

セ・リーグの歴代ベストナイン

続いてセ・リーグのベストナインに移ります。

プロ野球創設時に発足した球界の盟主巨人と続いて草創期に発足したライバルの阪神という人気球団を擁するセ・リーグは、球史に名を残す数々の名ドラマと名選手を生み出してきました。特にV9巨人に代表される大一番での勝負強さ、管理野球と言われる作戦の緻密さ、投手陣中心の守りの野球がセ・リーグの特長であり、今回のベストナインもそれらに相応しい名選手が揃いました。

セ・リーグの先発投手も30名からの選出は大変迷いましたが、独断と偏見でレジェンドを中心に選出しました。

まずは黄金の左腕江夏豊です。投手としての潜在能力の高さ、そして何と言っても次々とドラマと伝説を生み出すプレイヤーとしての魅せる能力は他の投手の追随を許しません。ライバル王から奪ったシーズン401奪三振、パ・リーグの強打者相手にオールスター9連続奪三振、日本シリーズの絶体絶命を切り抜けた江夏の21球と枚挙に暇がなく、１９６０年代後半から１９８０年代前半にかけて、先発・リリーフとして最も高い評価を受けた投手です。

次に伝説の大投手沢村栄治、プロ野球創成期に活躍し、リーグ戦が開始された昭和11年に史上初のノーヒットノーランを達成し、その後３回達成、そしてタイガースとの優勝決定戦に３連投し巨人に初優勝をもたらしました。翌年には最多勝と最優秀防御率で史上初のＭＶＰに選出されました。草創期のプロ野球発展の大功労者です。現在もシーズンで最も活躍した投手に贈られるその名を刻んだ「沢村賞」があるとおり、異論はないと思います。

３人目に４００勝投手金田正一、前人未踏の記録であり、今後絶対に破られることがないと思います。身体のケアにも徹底的にこだわり、スポーツ医学が発達していなかった時代に、自身の経験と知識をもとに身体づくりに関する独自の思想をまとめ上げました。20年間の現役生活中で14年連続20勝以上など投手記録で右に出る者はいません。

４人目に怪物江川卓、プロ野球史上投手としての潜在能力の高さは№1ではないでしょうか。私が見た中では球の速さとテンポの良さで№1投手です。高校時代から怪物と言われ、他の高校生がバットにかすらない並外れた豪速球とカーブだけで結果を出してきたことがすべてを物語ります。

５人目に史上初の３００勝投手スタルヒン、こちらも沢村とともにプロ野球創成期に活躍した伝説の大投手で、史上初の外国生まれのプロ野球選手です。シーズン42勝の最多記録も挙げ戦前戦後の巨人黄金時代確立に大きく貢献しました。

先発投手でこの5名に次ぐのは、フォークボールの神様杉下茂、初の完全試合男藤本英雄、ザトペック投法ミスタータイガース村山実、打高投低時代に2年連続20勝と11試合連続完投勝利のミスター完投斎藤雅樹、私が見た中では史上最高の高速で大きく曲がるスライダーを駆使した伊藤智仁を挙げたいと思います。

救援投手は、岩瀬か佐々木かで迷いましたが、大魔神佐々木主浩を選出しました。岩瀬はスライダー、佐々木はフォークボールという伝家の宝刀を有しますが、メジャーリーグでも新人王を獲得する活躍をしたことが決め手となりました。

捕手は、打撃の良い阿部、田淵、古田の3名の争いですが、ＩＤ野球の申し子古田敦也を選出しました。捕手でありながら首位打者を獲得し右打者で終身打率０・２９４という確実性の高いバッティングと盗塁阻止率の高さ、そして投手の持ち味を引き出し打者の裏をかく頭脳的なリードと当代随一のスローイングの速さが決め手となりました。

一塁手は、王とバースの2年連続三冠王同士の一騎打ちですが、そこは世界のホームランキング王貞治を選出しました。二人のことは説明するまでもなく、とにかくバースも凄いですが、ここでは王で異論はないと思います。

二塁手は、打点王と首位打者獲得のローズと三拍子揃った山田で迷いましたが、史上初の2年連続トリプルスリーの山田哲人を選出しました。セカンドを守りながら長打力を持つ稀

網掛けの選手をセ・リーグベストナインに選出

カープ（広島）		スワローズ・アトムズ（国鉄・サンケイ・ヤクルト）		ロビンス・ホエールズ・ベイスターズ（松竹・大洋・横浜）	
名前	打順	名前	打順	名前	打順
長谷川 良平	9	金田 正一	9	秋山 登	9
北別府 学		松岡 弘		平松 政次	
川口 和久		石井 一久		遠藤 一彦	
黒田 博樹		伊藤 智仁		野村 弘樹	
前田 健太		石川 雅規		三浦 大輔	
大野 豊		高津 臣吾		佐々木 主浩	
達川 光男	8	古田 敦也	8	谷繁 元信	8
衣笠 祥雄	7	広沢 克己	5	ソト	6
正田 耕三	2	山田 哲人	1	ローズ	5
江藤 智	5	岩村 明憲	6	村田 修一	7
野村 謙二郎	1	池山 隆寛	7	石井 琢朗	2
山本 浩二	4	若松 勉	3	筒香 嘉智	3
前田 智徳	3	青木 宣親	2	小鶴 誠	4
鈴木 誠也	6	ラミレス	4	鈴木 尚典	1
（丸 佳浩）	—	（バレンティン）	—	（ポンセ）	—
古葉 竹識	—	野村 克也	—	権藤 博	—

⚾セ・リーグ各球団の歴代ベストナイン

	ジャイアンツ（巨人）		タイガース（阪神）		ドラゴンズ（中日）	
ポジション	名　前	打順	名　前	打順	名　前	打順
先発投手	沢村 栄治	9	若林 忠志	9	杉下 茂	9
	スタルヒン		小山 正明		権藤 博	
	藤本 英雄		村山 実		小松 辰雄	
	江川 卓		バッキー		山本 昌	
	斎藤 雅樹		江夏 豊		今中 慎二	
救援投手	鹿取 義隆		藤川 球児		岩瀬 仁紀	
捕　手	阿部 慎之助	7	田淵 幸一	5	中尾 孝義	8
一塁手	王 貞治	3	バース	3	西沢 道夫	4
二塁手	篠塚 利夫	2	岡田 彰布	7	高木 守道	2
三塁手	長嶋 茂雄	4	掛布 雅之	4	宇野 勝	7
遊撃手	坂本 勇人	8	吉田 義男	8	立浪 和義	1
外野手	松井 秀喜	5	金本 知憲	6	江藤 慎一	5
	与那嶺 要	1	赤星 憲広	2	福留 孝介	3
	クロマティ	6	真弓 明信	1	谷沢 健一	6
指名打者	（川上 哲治）	—	（藤村 富美男）	—	（山崎 武司）	—
監　督	川上 哲治	—	藤本 定義	—	星野 仙一	—

な選手であり、その打撃スタイルも読みより来た球を打つという天才的なものです。

三塁手は、文句なしにミスタープロ野球長嶋茂雄を選出しました。とにかくミスターを外すことは考えられません。

遊撃手は、激戦で最後は坂本と吉田で迷いましたが、守備力を重んじ伝説の牛若丸吉田義男を選出しました。坂本は首位打者も獲得し走攻守揃った素晴らしい選手ですが、プロ野球史上最も上手と言われる守備と金田キラーと言われた打撃もあり吉田を選出しました。

外野手は、パ・リーグ同様、基本的に全員が複数ポジションを守ることが可能なことを前提にポジションに拘らず選出しました。

左翼手は、ミスター赤ヘル山本浩二、広島黄金時代の四番打者として優勝、日本一に貢献し、長嶋引退後のプロ野球の牽引役となりました。通算536本塁打は歴代4位、本塁打王4回はじめ打撃三冠のすべてのタイトルを獲得しました。

中堅手は、ゴジラ松井秀喜、日本人離れした長打力、スイングの速さは史上№1と言っても過言ではありません。伝説的な高校時代の5打席連続敬遠、メジャーリーグ移籍後31本塁打を記録、なんと言ってもワールドシリーズMVPは金字塔であり、大舞台に強い師匠ミスター譲りの勝負強さを発揮しました。

右翼手は、小さな大打者若松勉、小柄な体格ながら巧みなバッティングを披露し、あの打撃の神様川上にミートの天才と言わせました。年間打率3割以上12回は川上と並んで歴代3位、通算打率0・31918は歴代2位であり、日本人選手としては歴代最高記録です。

外野手でこの3名に次ぐのは、連続試合イニング記録を持ち三拍子揃った金本知憲、3度の首位打者獲得の元メジャーリーガー青木宣親、初の両リーグ首位打者江藤慎一を挙げたいと思います。

セ・リーグに指名打者制はないですが、もし仮に指名打者を選出するなら、ミスタータイガース物干し竿の藤村富美男と打撃の神様赤バットの川上哲治の争いですが、そこはプロ野球草創期に数々の記録を打ち立て巨人黄金時代を築き、戦後プロ野球を牽引した川上を選出したいと思います。

監督は、野村克也のID野球、その再生手腕も大変魅力的ですが、やはり不滅のV9の金字塔を打ち立てた川上哲治で異論はないと思います。

打順は、一番は本塁打王1度、盗塁王3度の山田、二番は首位打者2度の若松、三番は三冠王2度の土、四番は首位打者6度、打点王5度の長嶋、五番は二冠王3度の松井、六番は本塁打王4度、打点王3度の山本、七番は首位打者1度の古田、八番は巧打の吉田、九番が投手というラインナップで組みました。もし仮に指名打者制とした場合には六番に打撃の神様川上を入れ、山本以下が繰り下がる形としました。役割分担が明確な打線となり、全員がここ一番の大舞台で力を発揮する勝負強い打線です。

パ・リーグ、セ・リーグのベストナインをまとめると次のようになります。

パ・リーグ、セ・リーグの歴代ベストナイン

	パシフィックリーグ		セントラルリーグ	
ポジション	名前	打順	名前	打順
先発投手	野茂 英雄	—	江夏 豊	9
	稲尾 和久		沢村 栄治	
	田中 将大		金田 正一	
	松坂 大輔		江川 卓	
	ダルビッシュ有		スタルヒン	
救援投手	江夏 豊		佐々木 主浩	
捕手	野村 克也	8	古田 敦也	7（8）
一塁手	落合 博満	4	王 貞治	3
二塁手	辻 発彦	9	山田 哲人	1
三塁手	中西 太	5	長嶋 茂雄	4
遊撃手	松井 稼頭央	2	吉田 義男	8（9）
外野手	張本 勲	7	山本 浩二	6（7）
	イチロー	1	松井 秀喜	5
	大下 弘	3	若松 勉	2
指名打者	大谷 翔平	6	（川上 哲治）	—（6）
監督	三原 脩	—	川上 哲治	—

コラム④

プロ野球選手 × 女子アナの流れを作ったのは誰？

プロ野球選手は姉さん女房が多いと言われます。挙げると、野村克也、星野仙一、落合博満、江川卓、原辰徳、イチロー、松坂大輔、田中将大など・・・なぜでしょうか？

亭主を立ててあまり前に出ない、家庭をしっかりと守る、後援者やファンへの気遣いを怠らない、できる姉さん女房はこのような条件を満たしているのではないかと思います。それにより、選手が野球に集中できる環境を整えてくれるのではないでしょうか。

そして、ここ数年多い「プロ野球選手 × 女子アナ」の結婚ですが、特に年上の女子アナウンサーと結婚する例が多く見られます。主な「プロ野球選手 × 女子アナ」の結婚は以下になります。

プロ野球選手	女子アナ
古田敦也	中井美穂
松坂大輔	柴田倫世
イチロー	福島弓子
石井一久	木佐彩子

前田健太……成嶋早穂
高橋由伸……小野寺麻衣
青木宣親……大竹佐知
菊池雄星……深津瑠美
石井琢朗……荒瀬詩織
城石憲之……大橋未歩
宇野　勝……寺嶌しのぶ
井端弘和……河野明子
二岡智宏……用稲千春
関川浩一……家森幸子
松田宣浩……柴田恵理
馬原孝浩……畑野優理子
村田善則……須志田しのぶ
福盛和男……福元英恵
中田賢一……角野友紀
林　昌範……亀井京子
杉浦稔大……紺野あさ美

松中信彦……林　恵子
内川聖一……長野　翼
杉内俊哉……上葉えりか
長野久義……下平さやか
元木大介……大神いずみ
田口　壮……香川恵美子
小早川毅彦……赤間裕子
岡島秀樹……栗原由佳
与田　剛……木場弘子
澤村拓一……森　麻季
田中賢介……西森千芳
金子　誠……白木清か
清水雅治……金高麻里
小田幸平……石井江奈
大竹　寛……光部杏里
堂林翔太……枡田絵理奈

しかし、そんな「プロ野球選手 × 女子アナ」ブームに変化が表れたターニングポイントがあったと思います。

何と言っても、昭和63年、フジテレビの「プロ野球ニュース」のメインキャスターで番組の顔であった佐々木信也が降板し、その後任に何と入社2年目のフジテレビ女子アナウンサーの中井美穂が起用されたのでした。これは衝撃を受けました。

佐々木信也は、解りやすく聴きやすい語り口、ソフトなイメージと時折見せる鋭い指摘、湘南高→慶應義塾大卒に恥じないインテリジェンスで、人気を博しました。それに比べ、中井美穂は、野球を知らない若い女子の代表みたいな感じでしたが、そのキャラクターから視聴者に親近感を与え、天然ボケと一生懸命さを売り物に徐々にお茶の間に受け入れられ、見事にはまりました。また、グラウンドでの取材にも熱心に取り組み、女子アナならではの親しみのある取材が選手達にも受け入れられていったように思います。

そしてこの頃から、テレビのニュースやワイドショーでも、プロ野球選手を取り上げる機会が増え、他局もスポーツコーナーに女子アナを起用するようになり、プロ野球のグラウンドには女子アナが大挙して押し寄せる時代が到来、それ以来、「プロ野球選手 × 女子アナ」カップルが急増しました。

その中井美穂は、平成7年に当時最も輝いていたプロ野球選手と言って過言ではない古田敦也と結婚し、この結婚が「プロ野球選手&女子アナ」の先駆けとなったと言えます。

昭和・平成の珠玉のベストナイン「伝説のサムライＪＡＰＡＮ」

そしていよいよ、昭和・平成の珠玉のベストナイン「伝説のサムライＪＡＰＡＮ」を次のとおり選出しました。

先発投手は、４００勝投手金田正一、怪物江川卓、史上初の３００勝投手スタルヒン、完全無欠の投手ダルビッシュ有、平成の怪物松坂大輔、伝説の大投手沢村栄治、28連勝ギネス記録田中将大、鉄腕稲尾和久、黄金の左腕江夏豊、ドクターK野茂英雄の10名になりますが、野茂、江夏、稲尾、田中、沢村を選出しました。野茂はメジャーリーグのパイオニアとしての伝説、江夏は球史を彩る数々のドラマを生んだ伝説、稲尾はチームの勝利のためにひたすら投げ続けて鉄腕や神様と言われた伝説、田中はギネスブックにも載った28連勝という伝説、そして沢村は日本プロ野球において存在そのものが伝説です。独断と偏見ですが、伝説ぶりを重んじこの5名を選ばさせて頂きました。。

救援投手は、リリーフエースの先駆者江夏豊と大魔神佐々木主浩の対決になりますが、やはり佐々木を選出しました。リリーフ時代は投球術で数々のピンチを抑えた江夏ですが、佐々木のメジャーリーグで通用した落差の大きいフォークボールと速球は魅力的であり佐々木を選出しました。

捕手は、捕手での歴代で№1の最多記録を持つ生涯一捕手野村克也とその野村の教え子でID野球の申し子古田敦也の対決になりますが、古田を選出しました。打撃面で長打力は野村ですが、確実性は古田のほうが上であり、それまで弱かったヤクルトを4度の日本一に導いたリードや盗塁阻止率の高さなど総合的に見て古田を選出しました。

伝説のサムライジャパン

ポジション	名前	打順
先発投手	野茂 英雄	—
	江夏 豊	
	稲尾 和久	
	田中 将大	
	沢村 栄治	
救援投手	佐々木 主浩	
捕手	古田 敦也	8
一塁手	王貞 治	3
二塁手	山田 哲人	9
三塁手	長嶋 茂雄	4
遊撃手	松井 稼頭央	2
外野手	大下 弘	5
	松井 秀喜	6
	イチロー	1
指名打者	大谷 翔平	7
監督	三原 脩	—

一塁手は、3度の三冠王落合博満と世界のホームランキング王貞治の対決になりますが、そこは王を選ばざるを得ないと思います。最強の右打者と左打者の対決と言って過言ではないですが、あえて選

んだ理由を言うなら、三冠王時にチームが優勝しているかどうか、チームの勝利への貢献度の差と考えます。

二塁者は、ゴールデングラブ最多受賞の名手辻と史上初の2年連続トリプルスリーの山田哲人の対決になりますが、守備力よりも打撃力をはじめとする走攻守の総合力、特に二塁手では稀な長打力の差で山田を選出しました。

三塁手は、二冠王4度で伝説のホームランを数々放った怪童中西太とミスタープロ野球長嶋茂雄の対決になりますが、これもやはりミスターを選ばない理由はないと思います。栄光に彩られたその野球人生はプロ野球の歴史そのものと言って過言ではありません。

遊撃手は、捕るが早いか投げるが早いかの伝説を持つ歴代守備力№1の牛若丸吉田義男と歴代最高のスイッチヒッター松井稼頭央の対決になりますが、ここは走攻守三拍子揃ったオールラウンドプレイヤーの松井を選出しました。

外野手は、セ・パの選出時と同様、基本的に全員が複数ポジションを守ることが可能なことを前提にポジションに拘らず選出しました。

外野手は、ミスター赤ヘル山本浩二、小さな大打者若松勉、3000本安打の張本勲、青バットの天才大下弘、ゴジラ松井秀喜、日米4000本安打イチローになりますが、レジェンドぶりを重んじ、大下、松井、イチローを選出しました。戦後のプロ野球に彗星のごとく現れて大人気を博し数々の伝説を打ち立てた大下、高校時代を含めプロ野球、メジャーリーグとすべてのステージで伝説を打ち立てた松井、メジャーリーグで殿堂入りが確実視される個人記録を残し伝説を打ち立てたイチロー、この3名の伝説は後世まで受け継がれると思います。

指名打者は、メジャー1年目で日本人最多の22本塁打を放った天性の長距離砲で二刀流の大谷翔平になります。セ・リーグに指名打者制はないので、仮にあれば打撃の神様川上哲治との対決になります。その対決となれば大変迷いますが、それでもやはり大谷を選出したいと思います。

監督は、不滅のV9の金字塔を打ち立てた川上哲治とセ・パ3球団を優勝に導き2球団を日本一に導いた魔術師三原脩の対決になりますが、セ・パを問わずどのような球団や戦力でも実績を残す知将三原を選出しました。

打順は、一番はヒットメーカーで俊足のイチロー、二番はスイッチヒッターで俊足の松井稼、三番は世界のホームランキング王、四番は大舞台とチャンスで必ず勝負強さを発揮する長嶋、五番は長打と巧打を兼ね備えた大下、六番は勝負強いホームランバッター松井、七番は天性の長距離砲大谷、八番は読みの鋭い巧打の古田、九番はトリプルスリー山田というラインナップで組みました。長距離砲、安打製造機、勝負強さ、機動力、すべてを兼ね備えた完璧な打線と言えます。

野球選手の名言

野球は言うまでもなく9人で戦う「チームスポーツ」です。

もっと言えば、ベンチにいる監督やコーチ、控え選手やベンチに入ることができなかった選手、チーム関係者など関わるすべての人々が一丸となって戦うスポーツであると言って過言ではありません。

そして、関わった人々が同じ一つの方向性に向かっている、つまりはチームの勝利に向かっているチームほど強いことは明らかです。

ですので、マネジメントが重要なスポーツであり、よくビジネス社会における組織論と野球におけるチーム論について結び付けられることが数多くあります。

ここでビジネスマンにも役立つ野球選手の格言をご紹介します。

○三原　脩

「野球は人生の縮図」

○沢村栄治

「人に負けるな　どんな仕事をしても勝て　しかし　堂々とだ」

○川上哲治

「勝負に強いか弱いかは、執念の差である」

「野球はチームワークだ。もちろん、一人一人の選手に対し、とことんその技を極めさせることも必要だが、それだけでは勝てない。いかにしてお互いを補完し合いながらチームワークを達成さし、チームパワーを出させるか。そこに勝負の分かれ目がある」

「組織は常に刺激しなければならない。停滞すれば澱む」

「スランプというのは、好調なときにその原因が作られている。だから、好調なときが一番心配である」

○大下弘

「野球には天才も名人もいない」

○野村克也

「仕事をする上で必要な三つの能力がある。『問題分析能力』『人間関係能力』、そして最後のひとつが『未来想像能力』である」

「不器用な人間は苦労するけど、徹してやれば器用な人間より不器用な方が、最後は勝つ」

「勝ちに不思議の勝ちあり、負けに不思議の負けなし」

○長嶋茂雄

「努力は人が見てないところでするものだ。努力を積み重ねると人に見えるほどの結果がでる」

「快打洗心」

「失敗は、成功のマザー」

「スピード&チャージ」

「メイクドラマ」

○稲尾和久

「コントロールとは指先の記憶力のことである」

○王貞治

「敵と戦う時間は短い。自分との戦いこそが明暗を分ける」

「努力は必ず報われる。もし報われない努力があるのならば、それはまだ努力と呼べない」

○落合博満

「本当にその選手を育てたいと思ったら、『負けるなら負けてもいい。この試合はおまえに任せた』と言ってやるのが大切」

「欠点を直すこと、それはよい部分が失われることでもある」

○古田敦也

「データを集めて傾向を探ることも含めて、相手の思考を考察していくと、勝てない相手にも勝つことができる」

○野茂英雄

「夢をあきらめるな」

「なれるとかなれないとか考えていたって一歩も前には進めない。やるかやらないか、それしかない」

◯イチロー

「夢を掴むことというのは一気にはできない。小さなことを積み重ねることでいつの日か信じられないような力を出せるようになっていく」

「しっかりと準備もしていないのに、目標を語る資格はない」

◯松井秀喜

「生きる力とは、成功し続ける力ではなく、失敗や困難を乗り越える力である」

◯大谷翔平

「『誰もやったことがないことをやりたい』という気持ちがすごくある。自分がどこまでできるかということに制限はいらない。僕はもっとできる」

野球界は本当に結果がすべての厳しい世界、結果が出ない人間は容赦なく切り捨てられるある意味残酷な世界です。そんな世界で常に結果を出し続けた方々の珠玉の言葉です。明日の保証のない起業の世界に生きる私もすべてを肝に銘じて生きたいと思います。

令和に伝える 貴方が選出する ベストナイン（セ・リーグ）

タイガース（阪神）

ポジション	名　前	打順
先発投手		
救援投手		
捕　手		
一塁手		
二塁手		
三塁手		
遊撃手		
外野手		
指名打者	（　　　）	（　）
監　督		—

ジャイアンツ（巨人）

ポジション	名　前	打順
先発投手		
救援投手		
捕　手		
一塁手		
二塁手		
三塁手		
遊撃手		
外野手		
指名打者	（　　　）	（　）
監　督		—

令和に伝える 貴方が選出する ベストナイン（セ・リーグ）

カープ（広島）

ポジション	名前	打順
先発投手		
救援投手		
捕手		
一塁手		
二塁手		
三塁手		
遊撃手		
外野手		
指名打者	（　）	（　）
監督		－

ドラゴンズ（中日）

ポジション	名前	打順
先発投手		
救援投手		
捕手		
一塁手		
二塁手		
三塁手		
遊撃手		
外野手		
指名打者	（　）	（　）
監督		－

令和に伝える 貴方が選出する ベストナイン（セ・リーグ）

ロビンス・ホエールズ・ベイスターズ（松竹・大洋・横浜）

ポジション	名 前	打順
先発投手		
救援投手		
捕 手		
一塁手		
二塁手		
三塁手		
遊撃手		
外野手		
指名打者	（ ）	（ ）
監 督		—

スワローズ・アトムズ（国鉄・サンケイ・ヤクルト）

ポジション	名 前	打順
先発投手		
救援投手		
捕 手		
一塁手		
二塁手		
三塁手		
遊撃手		
外野手		
指名打者	（ ）	（ ）
監 督		—

令和に伝える 貴方が選出するベストナイン（パ・リーグ）

ホークス（南海・ダイエー・ソフトバンク）

ポジション	名前	打順
先発投手		
救援投手		
捕手		
一塁手		
二塁手		
三塁手		
遊撃手		
外野手		
指名打者		
監督		—

ライオンズ（西鉄・太平洋クラブ・クラウンライター・西武）

ポジション	名前	打順
先発投手		
救援投手		
捕手		
一塁手		
二塁手		
三塁手		
遊撃手		
外野手		
指名打者		
監督		—

令和に伝える 貴方が選出するベストナイン（パ・リーグ）

オリオンズ・マリーンズ（毎日・大映・ロッテ）

ポジション	名　前	打順
先発投手		
救援投手		
捕　手		
一塁手		
二塁手		
三塁手		
遊撃手		
外野手		
指名打者		
監　督		—

ブレーブス・ブルーウェーブ・バファローズ（阪急・オリックス）

ポジション	名　前	打順
先発投手		
救援投手		
捕　手		
一塁手		
二塁手		
三塁手		
遊撃手		
外野手		
指名打者		
監　督		—

令和に伝える 貴方が選出するベストナイン（パ・リーグ）

バファローズ・ゴールデンイーグルス（近鉄・楽天）

ポジション	名前	打順
先発投手		
救援投手		
捕手		
一塁手		
二塁手		
三塁手		
遊撃手		
外野手		
指名打者		
監督		―

フライヤーズ・ファイターズ（東急・東映・日拓ホーム・日本ハム）

ポジション	名前	打順
先発投手		
救援投手		
捕手		
一塁手		
二塁手		
三塁手		
遊撃手		
外野手		
指名打者		
監督		―

令和に伝える 貴方が選出するベストナイン (セ・リーグ&パ・リーグ)

	パシフィックリーグ		セントラルリーグ	
ポジション	名　前	打順	名　前	打順
先発投手		—		
救援投手				
捕　手				
一塁手				
二塁手				
三塁手				
遊撃手				
外野手				
指名打者			(　　　)	(　)
監　督		—		—

令和に伝える 貴方が選出するベストナイン（伝説のサムライジャパン）

	伝説のサムライジャパン	
ポジション	名　前	打順
先発投手		—
救援投手		
捕　手		
一塁手		
二塁手		
三塁手		
遊撃手		
外野手		
指名打者		
監　督		—

エピローグ

プロ野球は永久に不滅です

野球というスポーツはチーム競技でありながら、投手VS打者の1対1の対決の積み重ねというのは再三再四申し上げてきました。個と個の凌ぎを削る戦いが明確なところが私自身、野球というスポーツが好きな大きな理由です。

球団同士のライバルとしては、何といってもプロ野球創成期から続く歴史がある「巨人VS阪神」の「伝統の一戦」です。この伝統の一戦の中で、多くのライバル対決が生まれました。

草創期のエースと四番との対決「沢村VS景浦」、伝説の天覧試合サヨナラホームランの因縁から始まる熱血漢と燃える男との対決「村山VS長嶋」、希代の奪三振王と世界のホームラン王との対決「江夏VS王」、同い年のエースと四番との対決「江川VS掛布」など球史を彩る宿命のライバル対決がありました。

その他、セ・リーグでは、フォークボールの神様と打撃の神様との対決「杉下VS川上」、長嶋デビュー戦の4打席4三振が伝説となった400勝投手とミスタージャイアンツとの対決「金田VS長嶋」が挙げられます。

パ・リーグは、1950年代の西鉄と南海は優勝争いを続けたことからパ・リーグ版「伝統の一戦」とも言え、それぞれのチームのエースと四番との対決「稲尾VS野村」「杉浦VS中西」などのライバル対決がありました。

その他、これぞライバル対決と言えるのは後述しますが「野茂VS清原」と言えます。あとは私も球場で生で観戦していましたが、初対戦で3打席3三振が印象的な対決「松坂VSイチロー」があります。

そして、リーグを超えたライバル対決としては、昭和33年の日本シリーズ3連敗から4連勝の神様・仏様とその年のゴールデンルーキーとの対決「稲尾VS長嶋」、立教大学黄金時代の三羽烏だった同級生対決「杉浦VS長嶋」、PL高校時代の同級生で一年生からKKコンビとして5度すべて出場して2度優勝し、巨人志望の清原が指名されず、早大志望の桑田が指名されたドラフトでの因縁もある対決「桑田VS清原」が挙げられます。

これらのライバル対決にあるように、プロ野球の世界では、「あいつにだけは負けたくない」というライバル心が成長の糧になったりしますが、これはビジネスの世界でも同様かと思います。たとえば、村山実と長嶋茂雄による対決、江夏豊と王貞治による対決、野茂英雄と清原和博による対決は、勝負を越えた「対決の美学」と「語り継がれる伝説」がありました。

昭和34年の伝説の天覧試合の長嶋茂雄のサヨナラホームラン、打たれた村山実は亡くなるまで「あれはファールだった」と言い続けたことは語り草になっています。ただ、当時の方々の証言からも、これは審判の誤審ではなくて、完璧なサヨナラホームランと言えます。

阪神の内野手である遊撃手の吉田義男や三塁手の三宅秀史、先発投手の小山正明などほぼ全員が「あれはファールではなくてホームラン！」と証言しているのをみてもわかる通り、ファールではなくてホームランであると言えます。

ではなぜ村山実があのホームランをファールと言い続けたのかというと、村山の長嶋に対する強烈なライバル意識と、天覧試合という晴れの舞台で敗戦投手になってしまい、長嶋の引き立て役になる屈辱的なサヨナラホームランを認めたくなかったという気持ちからかもしれません。

天覧試合で長嶋に屈辱的な敗戦を記した村山は以降、打倒長嶋に野球人生をかけ、「1500奪三振と2000奪三振は長嶋茂雄から取る」と試合前に公言して、見事にこの記念の三振を長嶋から奪いました。

この二人の熱血漢と燃える男の対決は、チームもライバル同士の中、常に真っ向勝負で手に汗を握るスリリングな戦いで、昭和の名勝負になりました。

なお、長嶋に隠れて目立ちませんが、この天覧試合では王貞治も、ホームランを打っており、これが初めてのONのアベックホームランとなります。

天覧試合で長嶋はホームランを2本打っていますが、サヨナラホームランは、昭和天皇が後楽園球場から皇居に戻られる21時15分のなんと3分前に飛び出した奇跡のホームランでした。ただ、陛下のタイムリミットは、実はプレーしているナインには知らされていなかったようです。

この天覧試合と言う世間が注目する檜舞台で放った長嶋の劇的なサヨナラホームランが、プロ野球を国民的スポーツに押し上げ、長嶋自身は国民的スーパースターとして認知されるようになりました。初のONのアベックホームランも飛び出したことから、長嶋は王と共にON砲として、後の巨人栄光のV9を象徴する試合だったように思われます。

そして、その王貞治のライバルが江夏豊です。江夏はプロ1年目の時、先輩の村山実から「オレはこっち（長嶋）、お前はあっち（王）や」と王をライバルとするよう指示されます。以降、江夏は長嶋よりも王との対決に執念を燃やしました。

中でもシーズン奪三振記録を塗り替えた一戦での出来事は、今でも語り継がれています。稲尾和久の持つシーズン記録の353奪三振にあと8と迫った江夏は「新記録は王さんから獲る」と狙いを定め、初回から三振を積み重ねました。4回に王から三振を奪い新記録達成！と思った江夏でしたが、周囲から「まだタイ記録」と指摘されます。

ここで困った江夏は、王から新記録となる三振を奪うために、王までの打者から三振を奪わず打たせながらも、失点は許さず7回に王に再び打席が回り、江夏は空振り三振に仕留め、日本新記録を樹立しました。

王は、「自分自身が一番脂が乗ってるときだったから、江夏という力のあるピッチャーに対して、『よし！　勝負だ』っていう気持ちでいった。真っ直ぐで堂々と力で攻めてきた江夏と勝負ができたのは、すごくいい思い出だ。これはもう完全に力負けしたっていう感じの三振だったから、三振を取られるのがいやだとか、そんな気は全然なかった」

また、王の868本の中で、たった一度だけ涙を流したホームランがあります。それも江夏から打ったホームランです。その年の王は、いつも調子が上がってくる夏場から突然スランプに陥ってしまいました。

そこで迎えた江夏との対決、その試合も3打席目まですべて三振、0対2とリードされた九回二死一・二塁で4度目の打席に立ちました。一発が出れば逆転の場面、ところが、あっさり2ストライクと追い込まれて絶体絶命です。

さすがの江夏も力んだのか、3球目は暴投で、二・三塁に変わりました。一塁が空いたわけですから、いつものケースなら敬遠です。しかし、江夏は真っ向勝負を挑みました。それまで3三振ですから江夏は自信を持っていたと思います。3ボール2ストライクとなって、勝負球は真っすぐでした。江夏はキャッチャーのカーブの要求に、「王さんからカーブで三振に取っても、うれしくない」と拒否したのだそうです。江夏らしい男の勝負で、それに応えた王の渾身の打球は、甲子園球場の右翼ラッキーゾーンに飛び込み、逆転3ランになりました。

そして、時代は平成に移り、野茂VS清原、その初対決が実現したのは、実は野茂にとってプロ初登板の試合でした。立ち上がりからコントロールに苦しんだ野茂は初回からノーアウト満塁のピンチを背負い、四番の清原を迎えます。1ボール2ストライクと追い込んでからの4球目、140キロに届きませんでしたが、そのボールを打ちにいった清原のバットが空を切り三振となりました。プロ初登板で、プロで初めての三振を、野茂は清原から奪いました。野茂は「清原さんから三振を取るのが夢」と言ってました。清原より1歳年下の野茂にとって大阪・成城工高時代から雲の上の人だったPL学園高の超高校級スラッガーを仕留めるのは、密かな目標でした。

清原は、22歳11カ月というプロ野球最年少での通算150本塁打を達成しましたが、それは野茂から打ったものです。「今まで対戦した中で今日が一番速かった。野茂から打てたのは一生の思い出になります」清原は認めているライバル野茂から記念のアーチを打てたことを無邪気に喜びました。

そして、清原が151打席ホームランゼロという極度のスランプに陥った時の対決、四番の清原に対しフルカウントとなって、野茂がキャッチャーのサインに首を振り、渾身の力を込めて投げた見送ればボールのストレートを、高めが苦手な清原がまた渾身のフルスイングで打ち返します。打球は一直線、弾丸ライナーとなって、西武球場のレフト芝生席に突き刺さった152打席ぶりのホームランとなりました。常に『力VS力』で真っ向勝負を挑みファンを楽しませてくれた野茂VS清原は、「平成の名勝負」として語り継がれています。

ちなみに、今年引退したイチローのプロ初ホームランは野茂から打っています。メジャーリーガーのパイオニアとメジャーで伝説を作ったバッターにも不思議な縁があるのです。

昭和・平成の85年もの長きに渡ってファンに愛し続けられた「プロ野球」。人々に夢と希望を与え続けた国民的スポーツ「プロ野球」。

新たな時代「令和」においても数々のドラマが生み出され、プロ野球が末永く愛され続け、ますます発展していくことを祈って結びにしたいと思います。

最後に「プロ野球は永久に不滅です」。

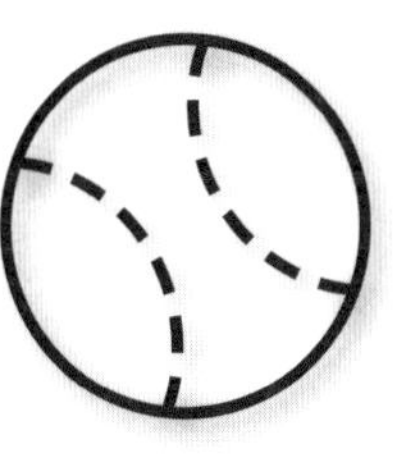

■著者プロフィール

佐々木　義孝

（ささき・よしたか）

1973年生まれ、北海道出身、中小企業診断士、野球愛好家。明治大学卒業後、上場準備責任者として3社をIPO（新規株式公開）に導く。その後、東証一部上場企業のCFO（最高財務責任者）を歴任し、現在は経営コンサルティングを手掛ける株式会社TOKYOフロンティアファームを設立し代表取締役。著書に「実戦！上場スタート」「IPOを目指す会社のための資本政策+経営計画のポイント50」がある。

【主な参考文献】

大下弘・虹の生涯　辺見じゅん著

大下弘日記・球道徒然草　大下弘著

回想　王貞治著

サムライたちのプロ野球　青田昇著

獅子たちの曳光・西鉄ライオンズ銘々伝　赤瀬川隼著

勝機は心眼にあり　川上哲治著

弾丸ライナー・川上哲治　大和球士著

日本プロ野球50年史　ベースボールマガジン社

風雲の軌跡　三原脩著

不滅の師弟絆の物語ー長嶋と松井の20年　柏英樹著

不滅の大投手・沢村栄治　鈴木惣太郎著

プロ野球三国志　大和球士著

プロ野球と共に五十年・私のプロ野球回顧録　鈴木龍二著

燃えた、打った、走った　長嶋茂雄著

燃えよ左腕　江夏豊著

わが友長嶋茂雄かく語りき　深澤弘著

その他・・・・野球に関する書籍・DVD、新聞・雑誌の記事、インターネットの情報などを参考

平成出版について

本書を発行した平成出版は、基本的な出版ポリシーとして、自分の主張を知ってもらいたい人々、世の中の新しい動きに注目する人々、起業家や新ジャンルに挑戦する経営者、専門家、クリエイターの皆さまの味方でありたいと願っています。

代表・須田早は、あらゆる出版に関する職務（編集、営業、広告、総務、財務、印刷管理、経営、ライター、フリー編集者、カメラマン、プロデューサーなど）を 経験してきました。そして、従来の出版の殻を打ち破ることが、未来の日本の繁栄 につながると信じています。

志のある人を、広く世の中に知らしめるように、商業出版として新しい出版方式を実践しつつ「読者が求める本」を提供していきます。出版について、知りたい事やわからない事がありましたら、お気軽にメールをお寄せください。


book@syuppan.jp 平成出版 編集部一同

令和に伝える［私説］伝説のサムライJAPAN

令和元年（2019）12月15日 第1刷発行

著　者　佐々木　義孝（ささき・よしたか）
発行人　須田早
発　行　**平成出版**株式会社
〒104-0061 東京都中央区銀座7丁目13番5号
ＮＲＥＧ銀座ビル1階
経営サポート部／東京都港区赤坂8丁目
TEL 03-3408-8300　FAX 03-3746-1588
平成出版ホームページ http://www.syuppan.jp
メール：book@syuppan.jp

発　売　株式会社 星雲社
〒112-0005 東京都文京区水道1-3-30
TEL 03-3868-3275　FAX 03-3868-6588

編集協力／安田京祐、大井恵次
表紙デザイン・本文DTP／Pデザイン・オフィス
印刷／（株）ウイル・コーポレーション